Karl Marx

走近卡尔·马克思

欧阳辉　著

人民出版社
研究出版社

图书在版编目(CIP)数据

走近卡尔·马克思／欧阳辉著 .—北京：研究出版社，2018.7

ISBN 978-7-5199-0456-2

Ⅰ．①走… Ⅱ．①欧… Ⅲ．①马克思(Marx，Karl 1818-1883) –哲学思想–思想评论 Ⅳ．① A811.63

中国版本图书馆 CIP 数据核字 (2018) 第 158119 号

出 品 人：赵卜慧
策　　划：张　博
责任编辑：余　平　张　博

走近卡尔·马克思
ZOUJIN KAER MAKESI

作　　者：欧阳辉
出版发行：人民出版社；研究出版社
地　　址：北京市朝阳区安定门外安华里504号 A 座 （100011）
电　　话：010-64217619　64217612（发行中心）
网　　址：www.yanjiuchubanshe.com
经　　销：新华书店
印　　刷：中煤（北京）印务有限公司
版　　次：2018年9月第1版　　2018年9月第1次印刷
开　　本：880毫米×1230毫米　　1/32
印　　张：9.875
字　　数：196千字
书　　号：ISBN 978-7-5199-0456-2
定　　价：38.00元

马克思就是对的

马克思就是对的，首先缘于"千年第一思想家"这个来自东西方的共识。

2018 年 5 月 4 日，习近平总书记在纪念马克思诞辰 200 周年大会上的重要讲话中指出："今天，马克思主义极大推进了人类文明进程，至今依然是具有重大国际影响的思想体系和话语体系，马克思至今依然被公认为'千年第一思想家'。"

回望世纪之交，在西方接连爆出多条震惊世界的"千年第一思想家"新闻：1999 年，在英国剑桥大学的评选"千年思想家"中，马克思位居第一；同年 9 月，英国广播公司（BBC）又以同一命题在互联网上公开征询投票一个月，汇集全球投票结果显示，马克思位列第一名；2005 年 7 月，英国广播公司以古今最伟大的哲学家为题调查 3 万多名听众，马克思以 27.93%的得票率荣登榜首……

马克思何以成为"千年第一思想家"？因为马克思主义不仅深刻改变了世界，也深刻改变了中国。正如习近平总书记所指出的："马克思给我们留下的最有价值、最具影响力的精神财富，就是以他名字命名的科学理论——马克思主义。这一理论犹如壮丽的日出，照亮了人类探索历史规律和寻求自身解放的道路。"西方主流媒体认为，马克思主义对过去一个多世纪全球的政治和经济思想产生了深刻影响。

拉回观察问题、阐释问题的广角镜，让聚焦镜对准我们生活中的点点滴滴。

马克思就是对的，也缘于个人曾对我国哲学社会科学理论界、学术界的领军人物陈先达教授的访谈。

2015年春节前夕，时任中共中央政治局常委、中央书记处书记刘云山同志，代表习近平总书记和党中央专程看望我国著名哲学家陈先达，对他为党的思想理论建设工作所作的贡献予以肯定。

2015年2月28日，身为人民日报记者的我，有幸对陈先达教授进行访谈。85岁高龄的陈教授精神矍铄、思维敏捷，话语铿锵有力："我之所以坚信马克思主义，是因为六十年如一日对马克思主义哲学的研究与传播……"

时常翻阅《人民日报》2015年4月1日刊发的《中国人民大学哲学院一级教授陈先达：为文喜读风雷笔　处世最敬雨同舟》一文，读出的是一位老党员、老教授"信仰的味道"：墨汁的甜味、鄱阳湖"落霞与孤鹜齐飞，秋水共长天一色"的美味……而这里面所没有的是：马克思对不对的"疑"，马克思潮不潮的"秀"，马克思靠谱不靠谱的"炫"……这是因为，马克思就是对的。正是因为马克思就是对的，我们自愿、自然地走近马克思，缅怀"千年第一思想家"的伟大人格和历史功绩，重温"千年第一思想家"的崇高精神和光辉思想，领悟"千年第一思想家"的世界观、人生观、价值观、爱情观、幸福观。

个人萌生写《走近卡尔·马克思》一书的想法，更多的是学习感触的使然，工作感受的必然，生活感激的油然。

我是在读马克思主义哲学专业研究生时，开始与"马克思"打交道、认识他的，至于深交、心交，那是走到人民日报社理论部这个工作平台上之后。说实话，在第一个学期的课堂上，经常在闹心，不时有质疑。为挑选了一门"食之无味，弃之可惜"的专业课而郁闷，质问自己能不能深入进去、坚持下来。

"喜欢一个人的作品，如诗词与文章，先得欣赏这个人。"这是 30 年前我与同学春游毛泽东故居，难忘的记忆、深切的感怀、执着的坚守。

伟大的科学家爱因斯坦说过："兴趣是最好的老师。"为此，我先得找准对马克思这个人的兴趣点。可尝试了多个版本的《马克思传》，大都"闻"起来香，"吃"起来难以下咽。

如果有一本这样的书该多好：以故事的形式、用清新的话语，把马克思主义经典著作、基本原理及其发展史三者融为一体、交相辉映，让文章更好读、人们更爱看。

　　基于此，我做起了马克思的"有心人"，把马克思主义当"真经"来念、作"看家本领"来修。时光这个叫"匆匆"的主儿，既能忘却一切，也可改变一切。渐渐地，我喜欢上"黎明时鸣唱的雄鸡"，也热爱上"黄昏中起飞的猫头鹰"。

　　古人云："蒙惠者虽知其然，而未必知其所以然也。"马克思及其思想理论宛如参天大树之根本，万里长河之泉源。学习它、掌握它、应用它，离不开边阅读边摘抄、边识记边消化、边整理边成文。梅香苦一岁，剑锋磨十年。《走近卡尔·马克思》，终于同读者朋友见面了。

　　《走近卡尔·马克思》一书，不在于其文本是否呈现修辞华丽、文字技巧，而在于它具有马克思的思想磁性、理论引力。阅读《走近卡尔·马克思》，就会看到一个热爱生活、真诚朴实、重情重义的"千年第一思想家"，人的思维就会从感性世界的"洞穴"上升到理性世界的"海洋"，找到进入未知世界的方式，开启人生美好的未来。

欧阳辉

2018 年 5 月 29 日于北京金台园

目录

<small>Contents</small>

一

2018 年 5 月 4 日，是一个值得新时代马克思主义者永远珍惜且真正行动起来的日子。

习近平在纪念马克思诞辰 200 周年大会上的讲话中指出："马克思是全世界无产阶级和劳动人民的革命导师，是马克思主义的主要创始人，是马克思主义政党的缔造者和国际共产主义的开创者，是近代以来最伟大的思想家。"

两个世纪悄然过去，人类社会已然发生巨大而深刻的变化，但马克思的名字依然在世界各地受到人们的尊敬，马克思的学说依然闪烁着耀眼的真理光芒，穿越历史，照亮今天，指引未来。

　　饶有趣味的是，在某知名网站上，有人竟然问了一个这样的问题："如果马克思上互联网会成为大 V 吗？"

　　有少数网民认为不会，理由是成为大 V，最快的方法是"美女爆照＋鸡汤"式的写作，其次是人们喜闻乐见话题的活跃写手，如游戏、情感类等，真正靠专业写作成为大 V 的少之又少，尤其是在政治学领域。

　　但更多网友认为，能写出如此优美文字的人，成为大 V 并非难事：

　　　　"你们赞美大自然令人赏心悦目的千姿百态和无穷无尽的丰富宝藏，你们并不要求玫瑰花散发出和紫罗兰一样的芳香，但你们为什么却要求世界上最丰富的东西——精神只能有一种存在形式呢？我是一个幽默的人，可是法律却命令我用严肃的笔调。我是一个豪放不羁的人，可是法律却指定我用谦逊的风格。一片灰色就是这种自由所许可的唯一色彩。每一滴露水在太阳的照耀下都闪现着无穷无尽的色彩。但是精神的太阳，无论它照耀着多少个体，无论它照耀什么事物，却只准产生一种色彩，就是官方的色彩！"

　　　　　　　　　　　——马克思《评普鲁士最近的书报检查令》

　　更有高达 1171 人赞同"绝对会"，因为"真实的马克思可不是语文课本里只会喊口号、凑字数的无趣老头"。他老人家的文章覆盖面非常广，从宇宙学、地理学再到家长里短，无所不包，而且语言尖刻，不怕吵架。加之，他认识的人多，听人讲故事多，开口就是"我朋友在巴黎守街垒的时候"，他们如何用 20 倍杠杆撬动全球棉纱价格……这样的人，怎么可能不成为大 V 呢？

再看看马克思同恩格斯的通信，充满着幽默与趣味。现在网上的一切争吵和讨论，均能在此寻到出处。

"我还从他那里得知巴枯宁在散布流言蜚语，说我是俾斯麦的代理人。这真是奇谈！的确很可笑，据赛拉叶告诉我，就在那天晚上（星期二，昨天），法国人支部成员、皮阿的亲密朋友沙特兰在法国人支部全体会议上甚至宣布俾斯麦已付给我一笔钱，即二十五万法郎。如果一方面考虑到这是法国法郎，另一方面注意到普鲁士的吝啬，那末这至少是一笔优厚的代价！"

——马克思致恩格斯 1870 年 8 月 3 日

从这些著作和书信看，马克思简直是一个活在 19 世纪的 21 世纪网络写手。通过广交朋友和终身学习，他用电报、报纸和邮局为自己搭建起"搜索引擎"。如果这样的人用上互联网，那是如虎添翼，鱼跃龙门，当个大 V 简直是探囊取物般容易。

更有网友直言不讳地指出："把马克思同网络大 V 相提并论？！这绝对是马克思在互联网上被黑得最狠的一次！！！"直言马克思的思想力量，绝非大 V 可以相提比拟。

二

2018 年，有一个名字注定被无数次提起，它就是卡尔·马克思。

相信许多人看过一本书——《大明王朝的七张面孔》，而马克思可不止七张面孔。人们常说，一千个人眼中就有一千个哈姆雷特，其实一千个人眼中应该也有一千个马克思。

由于篇幅有限，着重说说五个。

第一张面孔：老爷爷。在许多人眼中，马克思是一个面目严肃的老爷爷，有着长须茂盛如雄狮般的形象。这样的画像，常常挂在小学、初中、高中的教室墙上，旁边是他的好朋友恩格斯。在照片下方有一句名言："在科学之路上没有平坦的大道可走，只有不畏劳苦，沿着陡峭的山路攀登的人，才有希望达到光辉的顶点。"

第二张面孔：表情包。说到这张面孔，眼前浮现出两张在微信朋友圈 PS 过的照片：第一张是马克思、恩格斯一前一后，恩格斯坐在马克思身后略高的位置，双眉紧锁，表情困惑，旁边配上一句台词："你在写什么？"一旁的马克思目不斜视、奋笔疾书，旁边的台词是："管他呢，写了又不是我背。"第二张是正气凛然的马克思，右臂伸直，"激扬"文字："你们尽管背，考到了算我输！"……

第三张面孔：富家子。说到这张面孔，先得说一下马克思的成长背景。

马克思的父系有五代是犹太拉比，既有钱又有才的家庭。他的爷爷和父亲都是律师，西方国家律师行业的收入一直很高。

马克思的母亲是荷兰裔，名叫罕莉娅，也出身于拉比家庭。

在这种家庭环境下成长的马克思，生活过得丰富多彩。他上大学的时候，曾一年花掉700塔勒，按照购买力相当于时下的十几万元人民币……

第四张面孔：大赢家。如果只是家境殷实，如果只是纨绔子弟，那未必算得上人生得意。

23岁时，才华横溢的马克思通过匿名答辩获得博士学位，其博士论文题为《德谟克利特的自然哲学和伊壁鸠鲁的自然哲学的差别》。

25岁时，马克思迎娶比自己大四岁的"魔法公主"燕妮，这个美丽的姑娘是男爵和政府枢密官的女儿。

马克思那时的工作是自由撰稿人，是《莱茵报》实际上的"主编"。

用中国传统文化讲，青年马克思家境殷实、金榜题名、洞房花烛……

马克思说过，科学上没有平坦的大道。但是，在青年马克思的面前，人们明明看到一条平坦大道，沿着这条大道走下去，按理说马克思不会成为全世界无产阶级和劳动人民的伟大导师，而理应成为马克思爵士、马克思教授、马克思行长，甚或马克思部长。

按照世俗设想，马克思的人生规划大致是，升职加薪，当上总经理，出任 CEO，迎娶白富美，走上人生巅峰。

想想这样的生活，你是不是有点心动？如果真如此，那我们一起看看马克思的第五张面孔。

第五张面孔：落魄人。其实本想用的词叫"丧家狗"，因为《史记·孔子世家》中，至圣先师孔子有过"累累若丧家之犬"的感慨。不过，很多人认为太难听，那就称之为落魄人。

那么，为什么叫落魄人？

因为从那时起，马克思没有按照世俗的想法走上人生巅峰，而是仿佛预谋已久地轻易抛弃了那些唾手可得的荣华富贵。

他选择了长时间的颠沛流离、奔走逃亡和艰苦斗争。

等待他的命运是生活潦倒、一贫如洗、儿女夭殇……

常识、经验和理性已经完全不能解释马克思的命运，更不能解释马克思仿佛是自讨苦吃的选择。

人们不禁发出疑问：他怎么了？

这一切的一切，一定皆有缘。

可以解释这一切的，也许是他在博士论文中振聋发聩的发现：知识不是来自经验，也不是来自理性；因为知识，就来自凝视他人的目光，倾听他人的呼吁，立志为他人做些什么。

也许，可以从更早的 1835 年，17 岁的马克思高中毕业的那篇文章中找到答案。那年，他写了一篇题为《青年在选择职业时的考虑》的作文：

"如果我们选择了最能为人类而工作的职业，那么，重担就不能把我们压倒，因为这是为大家作出的牺牲。那时我们所享受的就不是可怜的、有限的、自私的乐趣，我们的幸福将属于千百万人，我们的事业将悄然无声地存在下去，但是它会发挥作用。而面对我们的骨灰，高尚的人们将洒下热泪。"

大多数凡人想到的不过是今生今世，眼前苟且；而少年马克思的笔下，分分钟想到的都是生生世世，诗与远方。

说完这五张面孔，如果非用一首歌曲来形容马克思是谁，那么，萧亚轩有一首歌曲的名字再合适不过——《最熟悉的陌生人》。

难道不是吗？

从中学到大学，我们一直在学习马克思和马克思主义，但很多时候，学到的只是马克思的表层不包括其内里，看到的只是马克思的身体不包括其灵魂，读到的只是马克思的教条不包括其精神。

所以，马克思是我们最熟悉的陌生人。

三

卡尔·马克思，一个注定被无数人提起的名字，即使在千百年之后。回望世纪之交，接连爆出多条震惊世界的"千年第一思想家"新闻：1999 年，由英国剑桥大学文理学院教授们发起的评选"千年思想家"，结果是马克思位居第一，而被习惯公认第一的爱因斯坦屈居第二。同年 9 月，英国广播公司（BBC）又以同一命题，在互联网上公开征询投票一个月，汇集全球投票结果，马克思仍是第一，爱因斯坦第二。2005 年 7 月，英国广播公司以古今最伟大的哲学家为题，调查 3 万多名听众，结果是共产主义理论奠基人马克思以 27.93% 的得票率荣登榜首，居于第二位的苏格兰哲学家大卫·休谟得票率仅为 12.67%；西方其他著名思想家柏拉图、康德、苏格拉底、亚里士多德等更是望尘莫及，黑格尔甚至没有进入前 20 名。在资本主义文明发祥地、现代资本主义的心脏，甚至是在西方社会的知识界，不止一次，而是多次得出这样的结论，不能不令人信服：马克思是"千年第一思想家"。

马克思何以成为"千年第一思想家"？因为马克思主义不仅深刻改变了世界，也深刻改变了中国。西方主流媒体认为，马克思主义对过去一个多世纪全球的政治和经济思想产生了深刻影响。挪威的投票者科里森说："马克思启蒙了数以千计争取自由公义的斗争。他是现代政治思想之父。"

东方的声音认为，马克思之所以成为"千年第一思想家"，原因在于其思想在全世界依然具有无比强大的解释力。在东欧剧变、苏联解体，世界社会主义处于低谷、出现严重曲折的情况下，这个评选结果无疑表明：马克思主义所蕴含的科学与价值的力量，又一次在全球范围内为世人所瞩目。特别是 2008 年国际金融危机以来，马克思的著作，如《共产党宣言》《资本论》等，在西方书店持续成为畅销书，有的书店老板直言其销售量是危机前的 100 倍。马克思今天在西方为何更"火"？马克思对人类有哪些重大贡献？这些问题，无疑值得人们去认真学习与思考。

马克思是谁？他从哪里来？要到哪里去？作为那个时代的哲学博士，马克思完全可以过上小康生活乃至上层生活。但他坚持自己的世界观、人生观、价值观，在贫困交加中坚守自己的理想与信念。马克思一家经常为揭不开锅发愁，因交不起房租而被房东赶出门。马克思还有严重的肝病，病情不稳定经常发作，买不起药，更谈不上医治。其实，马克思有很多机会获得较为优厚的收入。例如，马克思炒过股票，还挣了不少钱，如果继续炒股，可以解决其经济问题。世界上也许会多出一个股神，但会失去最伟大的思想家。德国政府也先后 3 次派人劝说马克思进政府任职，却都被他拒绝。马克思说：我必须不惜任何代价走向自己的目标，不允许资产阶级社会把我变成制造金钱的机器。仅从这一点上，我们就能看出马克思高尚人格的魅力，他是一个为绝大多数人的幸福奋斗了一生的伟人。

马克思何以成为"千年第一思想家"？中国共产党人眼中的马克思是什么样的？马克思是怎样为绝大多数人的幸福而工作的？他的世界观、人生观、价值观、爱情观、幸福观在时下有着什么样的意义？如何当好新时代马克思主义者？《走近卡尔·马克思》在着力系统阐述这些问题时，旨在道明一个颠扑不破的真理：马克思就是对的，不管是过去、现在还是将来。所以，我们自愿、自然地走近卡尔·马克思。

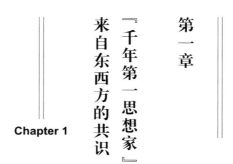

第一章
『千年第一思想家』
来自东西方的共识

Chapter 1

　　历史车轮滚滚向前，时代潮流浩浩荡荡。在人类进步的历史潮流中，涌现出无数的伟大人物。他们或以其思想理论，或以其社会实践，或以其发明创造，推动了人类的历史进程。那么，在过去的千年中马克思何以成为第一思想家？为何至今仍受万人敬仰？这样的问题备受世界各国民众的广泛关注。为此，回望世纪之交，在欧洲发起的一场评选"千年思想家"的活动，对于我们重新认识马克思，一以贯之地坚持和发展马克思主义都具有重大意义。

一、西方的评选

　　围绕千年思想家或风云人物，西方国家前后进行了四次评选活动。结果均毫无例外地显示：马克思在多家西方媒体评选中以名列第一或第二的结果，成为名副其实的"千年第一思想家"。

（一）英国广播公司名义调查"千年思想家"

1999年9月，英国广播公司围绕谁是"千年思想家"进行广泛的民意调查。其结果显示：卡尔·马克思荣登榜首。《明报》10月2日报道：19世纪唯物主义思想家马克思，以凌厉后劲压倒科学家爱因斯坦，在英国广播公司（BBC）的千禧年最伟大思想家选举中胜出。得票率名列第二、第三、第四的，分别是相对论的创立者爱因斯坦、万有引力的发现者牛顿、进化论的提出者达尔文。除上述四人以外，在投票结果中名列前10名的，还有哲学家康德和笛卡尔，20世纪的科学家斯蒂芬·霍金。

BBC新闻网的报道如下：

who was **your choice** for the

greatest thinker

of the last 1000 years?

In September BBC News Online users voted for the greatest thinker of the last thousand years. We asked the views of Edward de Bono and Roger Scruton who chose William James and Thomas Aquinas respectively. But BBC News Online readers had other ideas and voted overwhelming for Karl Marx.

Karl Marx is probably the most influential socialist thinker to emerge in the 19th century. He was a philosopher, a social scientist, a historian and a revolutionary, whose ideas still influence political regimes today.

Your Top 10 Thinkers:

1.	Karl Marx
2.	Albert Einstein
3.	Sir Isaac Newton
4.	Charles Darwin
5.	Thomas Aquinas
6.	Stephen Hawking
7.	Immanuel Kant
8.	Rene Descartes
9.	James Clerk Maxwell
10.	Friedrich Nietzche

英国广播公司举行的这次网上投票活动，为时整整一个月。在评选活动开始阶段，爱因斯坦一直处于领先位置，马克思的得票率在最后冲刺时后来者居上，清脆地击败了爱因斯坦。美国纽约的一家报纸用整版篇幅评论了这个意义深远的事件。英国广播公司的这项网上选举，允许世界各地所有人士参与投票。来自挪威的投票者科里森说："马克思启蒙了数以千计争取自由公义的斗争。他是现代政治思想之父。"另一位投下神圣一票的

美国人卡普尔说："马克思对资本主义运作模式作出了最好的分析。由于资本主义在 20 世纪末实际上已经成为世界上最具代表性的制度，他的思想学说，对于帮助我们认识当今的世界，仍具参考价值。"

马克思是 19 世纪最具影响力的社会主义思想家，也是共产主义的奠基人之一。他之所以被评为"千年第一思想家"，是因为其创立的理论影响了世界。马克思于 1848 年与挚友恩格斯合著科学社会主义的纲领性文件《共产党宣言》，并于 1867 年出版发行他的不朽著作《资本论》第一卷。马克思关于无产阶级革命的伟大学说，成为世界各国无产阶级运动的指南。170 年来，《共产党宣言》通过 200 多种文字、1000 多个版本，传遍全球，深刻影响和改变了世界历史发展进程。它是全球公认的传播最广的社会政治文献，被认为是世界无产阶级的"圣经"。作为一个哲学家、社会学家、历史学家和革命家，马克思的著作在当今仍为学术界所尊崇。

（二）英国路透社评选千年人物

英国主流媒体对具有广泛民意的千年风云人物的网上评选结果并不满意，路透社又特别邀请来自各国政界、商界、艺术界和学术界的 34 名专家名人进行千年人物的评选。在这次评选中，马克思仅以一分之差与印度的国父圣雄甘地并列第二，名列第一的是爱因斯坦。但这同样具有重要意义，同样说明马克思是千年伟人。

马克思最大的魅力，就在于他对资本主义彻底的批判。只要资本主义存在一天，马克思就是资本家心中永恒的阴影。路透社在报道评选结果时不得不中肯地说：马克思的《共产党宣言》和《资本论》，对过去一个多世纪全球的政治和经济思想产生了深刻的影响。对于世界工人阶级来说，再大的喜讯莫过于此。这是千年之交，时代赠予世界工人阶级和劳动人民最值得纪念的礼物！这件事不是孤立的，也不是偶然的。它既显示了马克思主义真理的力量，又说明了当今时代仍然需要马克思主义，就像自然科学需要爱因斯坦的理论一样。只要不带任何偏见，人们都会作出这样的结论。

（三）德国民众评选"最伟大的德国人"

2003 年 9 月，在马克思的故乡德国进行了一次关于谁是"最伟大的德国人"的评选。这次调查由德意志电视二台举办，为期 3 个月。从调查情况看，前东德地区大都将选票投给了共产主义理论的创始人马克思。占人口多数的西德地区则主要将选票投给了第二次世界大战后西德的第一位总理康拉德·阿登纳。11 月 28 日，公布的投票结果显示：阿登纳位居第一，宗教改革领袖马丁·路德位列第二，马克思位列第三。但从前三甲的得票率来看，差距很小。阿登纳获得 57 万张选票，马丁·路德获得 52 万张选票，马克思获得 50 万张选票。

这次评选得到德国民众的热烈响应，参加评选的人数达到 330 多万，候选人也多达 1300 位。德国民众先从这 1300 位候选人中选出 100 名伟大的德国人，然后从中评选出 10 名"最伟大的德国人"。除前三甲以外，还有被纳粹屠杀的反希特勒战士索菲·斯谷尔和汉斯·斯谷尔、著名音乐家巴赫、发明西方印刷术的约翰斯纳·古腾堡、"铁血宰相"俾斯麦、物理学家爱因斯坦。

阿登纳之所以获得第一，在于他领导德国人民从第二次世界大战的阴影中走了出来。马克思在东部的五个州获得 40% 的投票，但在西部只得到 3% 的投票，差距十分悬殊，这说明前东德、西德原有意识形态的隔阂一定程度上影响到投票的公正性。在投票的人看来，追求自由、公平社会的卡尔·马克思是最应受到敬仰的，有朝一日，他将成为最伟大的德国人！

（四）英国广播公司评选"最伟大的哲学家"

2005 年 6 月，英国广播公司广播四频道《在我们这个时代》栏目，就"谁是现今英国人心目中最伟大的哲学家？"展开调查。经过一个月的评选，7 月 14 日公布的调查结果显示，伟大共产党人先驱、共产主义理论奠基人和杰出代表卡尔·马克思最终以 27.93% 的得票率脱颖而出，被评为世界上最伟大的哲学家。而排在第二位的是苏格兰哲学家大卫·休谟，他的得票率为 12.67%，以得票率 6.8% 位列第三的是哲学家路德维希·维特根斯坦。柏拉图、康德、苏格拉底、亚里士多德等更是望尘莫及，黑格尔甚至没有进入前 20 名。

这次评选共有 3.4 万多人投票，能够进入"十大"的全部都是西方哲学家。生于20世纪的"十大哲学家"，仅有哲学家兼数理逻辑学家维特根斯坦，以及提出可否定原理的英国自然科学和社会科学的哲学家波普尔。数学家兼逻辑学家罗素和存在主义代表人物沙特，虽然初选进入"二十大"，但最终未能在"十大"排行榜中占据席位。

值得一提的是，在英国广播公司广播四频道评选"最伟大的哲学家"过程中，英国《经济学家》杂志号召其读者把马克思从候选名单上拉下，希望读者选大卫·休谟。《经济学家》认为，马克思已经过时了，而资本主义是有效的，等等。然而，英国公众作出了自己的决断。很多人认为，当今世界各处发生的一切并不能否定马克思，只能证实他写的内容。

值得注意的是，评选活动是在西方资本主义国家进行的，参加投票的有西方知名学者，也有普通民众。为什么英国广播公司对这个全球性的活动连续评选两次？是否对第一次的结果不满意？众所周知，西方是资本主义社会，而马克思是无产阶级的革命导师，立志要做资本主义制度的"掘墓人"……

为什么在西方主导的评选活动中，会是一个资本主义的对立者获得如此高的追捧。这是西方所百思不得其解的。于是，有了第二次评选，可谁知道结果还是一样。

在马克思逝世100多年后，仍然赢得人们对他的思想及其所开创事业的高度评价，这让发起这个评选的栏目主持人梅尔文·布拉格都感到吃惊。他说，马克思似乎对全世界的主要问题都给出了答案，他当选为最伟大哲学家有诸多原因，但是能够解释一切的理论是他夺得桂冠的最重要的原因。

英国广播公司发表评论文章说，马克思的哲学观点、辩证唯物主义都经历了时间的考验，成为世人手中解析所有复杂的经济、政治甚至科学机制的珍贵工具。它让我们对所有过程具有一种全球观，为未来社会的发展呈现一种独特视角。

马克思以绝对优势被评为千年风云人物、千年思想家、最伟大的德国人、全球最伟大的哲学家，不仅仅是对马克思所创造的学说和理论体系的评价，更重要的是对其历史和现实政治意义的评价。尽管马克思逝世100多年来人类社会出现过形形色色"美妙的主义"，但绝大多数都如同过眼云烟，唯有马克思主义独树一帜，具有最强劲的生命力。尽管马克思逝世100多年来资本主义世界和社会主义国家都发生了许多重大变化，但所有这些变化都没有脱离马克思主义关于生产力与生产关系矛盾运动的规律，都可以用马克思主义理论加以解释和说明。事实上，虽然100多年来不断有人反对、诅咒甚至诋毁马克思，但从来没有人能够阻止马克思主义在全世界范围内的广泛传播，从来没有什么思想能够像马克思主义那样掌握亿万工人阶级和劳动群众，成为改造世界、推动历史前进的巨大精神力量。

西方评选千年思想家的活动及马克思获得的诸多殊荣，只能充分说明一个事实：马克思及其思想对西方社会仍具有深刻影响。这一影响对推动西方资本主义社会的进步与发展，远远超过马克思主义刚刚诞生时对世界的震动。来自西方的这些评选活动也深深启示我们，必须坚定不移高举马克思主义的伟大旗帜，必须深入挖掘马克思主义真理的科学内涵。马克思的伟大学说是"源头活水"，只有从根植于马克思主义博大精深的学说中汲取营养，慎思之，笃行之，才能不断开创新时代中国特色社会主义事业新局面。

二、东方的声音

有一位奥地利的经济学家，叫熊彼特。他曾这样说："大多数的创作，经过一段时间，短的是饭后一小时，长的达到一个世代，就完全湮没无闻了。但是马克思的学说却不是这样，它遭受了批判，但它又复活了，是穿着自己的服装，带着人们看得见摸得着的自己的瘢痕复活了。"作为科学社会主义的奠基人和马克思主义的创始人，马克思生前在国际无产阶级的心目中，是当之无愧的伟大导师，但在西方主流社会则"是当代最遭嫉恨和最受诬蔑的人"。西方关于千年思想家、千年伟人的评选引起包括中国在内的东方各国的广泛关注。不仅媒体对评选结果予以报道，而且学术界围绕这个评选结果开展了广泛的讨论。所谓"大浪淘沙"，通过这些报道和讨论，能够更加清晰地看到马克思主义的真理的力量，也更明白必须坚持把马克思主义作为指导思想的必要性和深远意义。

（一）媒体界的声音：聚光灯下的马克思

《光明日报》1999年12月30日载文指出：在千年交替之际，西方媒体最近纷纷推出自己评选的千年风云人物，马克思主义的创始人、无产阶级的伟大导师卡尔·马克思在众多西方媒体评选千年风云人物的活动中名列第一或第二。

西方开展的这项活动也得到中国澳门和中国台湾媒体的关注。1999年12月19日的《澳门日报》报道了这个消息，并刊登了三位千年伟人的照片。该报说："这样的调查当然不能十分科学地反映广泛的事件，但这次调查可以让我们看看一些名人的想法。"台湾《中国时报》12月25日报道类似的评选活动时指出："马克思有关资本累积及资本集中的说法，放在当今并购大潮的背景之下似乎更具意义，苏联瓦解、中国大陆也已采用社会主义市场经济路线多年，这么多学者肯定马克思，的确有些出人意料。"并说："马克思对于资本主义的洞见应该再度获重视，他不应为其他人对其学说所作的引申背黑锅。"

事实上，马克思当选"千年第一思想家"并没有先天优势，诸如爱因斯坦和牛顿在自然科学方面的成果是颠覆性的革命性的，达尔文在人类起源方面的成果是颠覆性的革命性的，马克思在社会科学方面的成果是颠覆性的革命性的。

什么是颠覆性的革命性的？就是说他推翻了人们过去普遍的一些认知，虽然他不符合你的直觉，但其理论和逻辑没有问题，是科学的、正确的。不管你承认不承认，反正他影响和促进了人类社会的发展。

至于马克思成为"千年第一思想家"为什么更不容易，就是因为社会科学方面的很多东西离我们普通人生活太近，谁都能凭自己的直觉去插一两脚，显得马克思没有那么神圣。

很多时候，我们都不需要系统拜读《共产党宣言》《资本论》等经典著作，只要知道马克思告诉我们的一些基本概念，工作个十年八载，你再看看资本主义、剩余价值、国家是统治阶级维护其统治的工具、资本主义有他天生的缺陷、小资产阶级、圈地运动、生产力决定生产关系等，简直佩服得五体投地，醍醐灌顶，茅塞顿开，如沐春风。

（二）学术界的讨论：当之无愧的千年思想家

围绕西方千年思想家评选，我国学术界进行了广泛研讨。2007 年"十一"期间，中国教育电视台播出专题栏目"社会主义核心价值体系纵横谈"。其第一讲主题为："马克思：千年最伟大的思想家"，分析如何通过"千年第一思想家"评选结果来认识马克思主义的真理价值。

近些年，国内出版了一些对马克思主义进行系统宣讲的理论普及读物，为人们描述了一位真实的、彩色的、依然"活着"的马克思。与此同时，针对诋毁马克思的种种谣言，用翔实的史料、严谨的考证，澄清事实，以正视听。特别是注重用走心、妥帖且青春的表述方式，讲述马克思的一生及其思想理论精髓，让青年读者们穿越时空，与一个有血有肉有灵魂、与"90 后"

的心灵足迹无比契合的马克思相遇，有趣、有料、有识。

党的十九大报告指出："经过长期努力，中国特色社会主义进入了新时代，这是我国发展新的历史方位。"我们要弄懂新时代中国从哪里来，也要清楚新时代中国在哪里，还要弄清新时代中国到哪里去。这就必须了解当今中国所处的历史方位，了解当今世界尤其是经济全球化所处的历史方位。新时代中国是从长期努力中走出来的，作为世界最大发展中国家，正在为决胜全面建成小康社会、进而全面建设社会主义现代化强国而奋斗。新时代中国要到哪里去？党的十九大已经竖起前进的路标：2020 年，全面建成小康社会；2035 年，基本实现社会主义现代化；2050 年，全面建成富强民主文明和谐美丽的社会主义现代化强国。

面对新的时代特点和要求，马克思主义面临着进一步中国化、时代化、大众化的问题。有的理论读物注重用通俗易懂、极富感染力的方式，再现马克思真实的个人形象和魅力，凸显马克思主义在当下的积极现实意义，真正让马克思主义飞入寻常百姓家。特别是在媒体融合的大格局下，人民网、新华网等主流媒体，注重同步推出"马克思主义在当代有怎样的重大价值？"等栏目专访；并约请知名理论专家、高校青年教师和大学生代表，走上融媒体平台，开展精彩问答，讲述伟人故事，朗诵诗歌致敬，同观众一起重温马克思的光辉足迹，感受伟人的人格魅力，感知真理的力量。

（三）两百年的回音：公道自在人心

一段时间以来，网络上流传着所谓什么是成功男人的标配：3 岁，不尿裤子；5 岁，能自己吃饭；18 岁，能自己开车；20 岁，有女朋友；30 岁，有钱；40 岁，有钱；50 岁，还有钱；60 岁，还有女朋友；70 岁，还能自己开车；80 岁，还能自己吃饭；90 岁，还不尿裤子；100 岁，还没有挂在墙上；200 岁，还挂在墙上。

如果说上述段子有一定道理的话，那么最难做到也是已达最高境界的，无疑是最后一条。这里的挂在墙上，绝非只是挂在自己家里的墙上，或者其出生地的墙上，而是全世界很多角落的墙上。

2018 年，已经是马克思出生后的整整第 200 个年头。照这样的标准来看，马克思符合这个段子对成功男人的最高标配。

马克思的思想是人类思想史上的丰碑。任何谈论 19 世纪以来思想史的人，举凡哲学、政治学、经济学、历史学、法学、社会学，甚至美学和伦理学，无论是赞成或反对，但要不表达对马克思思想的态度，就像谈论中国传统文化而无视孔夫子和儒家学说的客观存在一样，会被人认为是无知之举。

马克思的思想出现在政治生活、日常生活和学术生活等各不相同的生活领域，被描绘为神态各异的思想形象。即使连有关马克思思想的书没有读过一本的人，在日常生活语境中谈论马克思如何如何也是司空见惯的事情。正如恩格斯所说："马克思主义在理论上的胜利，逼得他的敌人不得不装扮成马克思主义者。"

1. **马克思之所以成为"千年第一思想家"，就在于时刻关注和思考人类的命运特别是大多数人的命运。**大凡人类历史上的圣贤哲人，之所以被后人所怀念，是因为他们的思想智慧能给后人以启迪，就像暗夜里的一束光，照亮人类前行的道路。但无论是像西方的柏拉图、亚里士多德、康德和黑格尔那样的大思想家、哲学家，还是像东方的老子、孔子、龙树这样的东方哲人，一般都只是抽象地揭示宇宙和人生的道理。他们要么是世外高人，主张出世避世而减轻烦恼痛苦，要么是皓首穷经的学究，坐而论道，用消极的处世哲学和所谓的"普世价值"来抚慰人类的心灵，而不能直面现实。马克思不是学院派学者，现实关怀贯穿其一生。

19 世纪的欧罗巴，马克思所面对的现实是以残酷刻薄著称于世，因而屡被后人诟病的"曼彻斯特资本主义"。马克思愤怒于资产阶级学术为私有财产（资本）提供一切，他发誓要穷其毕生精力为劳动者提供一切。作为无产阶级战士的马克思，写作的根本目的就是为了给无产阶级及其政党提供科学的理论武器，因而马克思的著作通篇充溢着一种对人类命运的强烈关怀。

马克思主义为何经久不衰，至今仍是人类社会前进的指路明灯？究其根源就在于它是一门为绝大多数人谋幸福的学问。

正如马克思所言，"如果我们选择了最能为人类福利而劳动的职业，那么……我们的幸福将属于千百万人"。

马克思主义追求的是实现人类幸福这一终极命题。在人类社会的历史长河中，对幸福的探究和追求是人类文明的永恒价值指向。可以说，一部人类社会发展史也是一部追求幸福的发展史。人类的解放和幸福是马克思一生不变的追求，也是其奋斗终生的根本目标。无论是在高中毕业作文《青年在选择职业时的考虑》中立志选择最能为人类谋福利的职业，还是在《关于费尔巴哈的提纲》《1844年经济学哲学手稿》《共产党宣言》《资本论》等伟大著作中对人类幸福的源泉、前提、意蕴、特征、实现路径等的深刻解答，马克思用自己一生的奋斗诠释了对人类幸福的理解、向往与追求。

马克思主义作为一个具有明确价值取向的科学理论体系，基于唯物辩证法和唯物史观，孜孜探求如何实现人类幸福。马克思主义主张不仅要追求政治解放，而且要追求人类解放。他强调不仅要克服人的本质的异化和片面发展，而且要实现人的本质的真正占有；不仅要追求"无产阶级失去的只是锁链，他们将赢得整个世界"，而且要追求建立一个理想社会——在这个自由人联合体中，要实现每个人的自由全面的发展。

"为了谁"是一个终极性的哲学价值问题。马克思主义回答了为谁谋幸福的问题。马克思指出："过去的一切运动都是少数人的，或者为少数人谋利益的运动。无产阶级的运动是绝大多数人的，为绝大多数人谋利益的独立的运动。"指导无产阶级运动的马克思主义之所以是伟大的，就在于其对最广大人民利益的不懈追求，对全人类幸福的永恒关注。马克思主义从一开始就表明自己的立场："为绝大多数人谋利益。"这正是人民立场和以人民为中心理念的源头所在。

马克思主义从不否认自己的阶级立场和价值追求，从不宣称自己是无所不包、无所不能的"绝对体系"。它作为一门旗帜鲜明、立场明确的学问，不是在追求绝对真理中自说自话，而是致力于为人民的解放和幸福寻找一条康庄大道；不是在纯粹的哲学思辨中讨论泛化的道德幸福，而是以具象的生动主体替代历史上其他思想的抽象主体；不是为其他阶级、少数人的利益和幸福寻求学理性阐释、合理性证明，而是坚持为最广大人民的利益和幸福而探索、奋斗。马克思的全部学说始终没有偏离"为了谁"——最广大人民这一价值旨归。

马克思主义致力于解答如何为绝大多数人谋幸福的问题。幸福从何而来，怎样获得？幸福不会从天上掉下来，需要作为主体的人去创造、去追求、去奋斗。在《〈黑格尔法哲学批判〉导言》《神圣家族》《德意志意识形态》等论著中，马克思拿起人民主体性这个批判的武器，确立人民是创造历史的主体这一世界观，以人民的现实幸福向虚幻幸福宣战。《共产党宣言》的发表，更是使无产阶级有了实现自身幸福的强大思想武器，社会主义由此从空想变成科学，广大人民追求和实现幸福也由此成为可能。

在马克思主义看来，一方面，人民自己创造自己的历史，人民是历史的创造者，是历史发展的动力；只有紧紧依托人民的主体性，以主体性作为批判的武器来指引革命理论与实践，人类社会才能在创造历史的实践活动中实现人的自由全面的发展。另一方面，幸福不会从天而降，只有充分发挥人民的自主性、能动性和创造性，人民才能获得解放进而实现幸福。正如习近平所说，"幸福都是奋斗出来的"。概言之，马克思主义对幸福的追求不是空中楼阁，而是始终坚持以人民主体性的张扬与奋斗来获得幸福这一实践取向。

2. 马克思之所以成为"千年第一思想家"，就在于从人类生活的基本事实即物质资料的生产入手，揭示人类社会的发展规律。思想家孜孜以求的目标是探索和揭示人类社会发展的动力及其规律，科学家从认识世界的角度探索客观事物的发展规律，哲学家从人类思维的进化揭示人类精神的取向，宗教家从神秘主义出发揭示人类尚未认识的领域。他们都取得了认知上的进步，但没有一个人能在认识人类社会发展规律上达到马克思主义唯物史观这样的思想高度。

马克思专门、长期和系统地研究生产力的变化，目的是在社会历史深层客观基础层面弄明白和说清楚资本主义生产方式。这些研究成果，主要散见于他的政治经济学手稿，一些命题融哲学和政治经济学内容于一体。例如，手推磨产生的是封建主的社会，蒸汽磨产生的是工业资本家的社会；劳动资料不仅是人类劳动力发展的测量器，而且是劳动借以进行的社会关系的指示器；各种经济时代的区分，不在于生产什么，而在于怎样生产，用什么劳动资料生产；工艺学揭示出人对自然的能动关系，人的生活的直接生产过程，以及人的社会生活关系和由此产生的精神观念的直接生产过程。这些社会生活不同因素对资本主义社会的决定与被决定关系的揭示，已经呈现历史唯物主义的端倪。

马克思提出的历史唯物主义，非常重视经济因素在历史发展中的首要作用和在社会结构中的基础地位。他在论述资本主义市场经济中，提出了市场经济的一般规律。它的首要规律是实现资源配置决定作用的价值规律，与价值规律共同发生作用的供求规律、竞争规律、货币流通规律，等等。马克思把劳动、劳动对象和劳动资料"三要素"，只是作为一切社会生产都必须具有的"简单要素"。他已经看到资本主义生产中科学的重大作用，并将科学视为生产力的独立要素。他还重视自然力作为生产力要素的作用，预见未来会有新的生产力要素出现，当前信息技术的发展就是印证。这些结论，都是马克思对工业革命以来资本主义发展的现实研究而得出的。

马克思力求从研究当时西欧资本主义发展的生产实践中，揭示社会发展的一般规律。他曾指出，权利永远不能超出社会的经济结构以及由经济结构所制约的社会的文化发展。在随着个人的全面发展、生产力也增长起来，而集体财富的一切源泉都充分涌流之后——只有在那个时候，才能完全超出资产阶级法权的狭隘眼界，社会才能在自己的旗帜上书写：各尽所能，按需分配！他指出，我们判断一个人不能以他对自己的看法为依据，同样，我们判断一个变革时代也不能以它自己的意识为依据；相反，这个意识必须从物质生活的矛盾中，从社会生产力和生产关系之间的现存冲突中去解释。基于以上论述，马克思提出"两个决不会"的结论：无论哪种社会秩序，在它所能容纳的全部生产力发挥出来以前，是决不会灭亡的；新的更高的生产关系，在它的物质存在条件在旧社会的胎胞里成熟以前，是决不会出现的。

恩格斯一再讲到马克思的两大发现：唯物史观和剩余价值学说。劳动价值论是剩余价值论的理论基础，而剩余价值论是马克思经济理论的基石。马克思的剩余价值理论是和资本与雇佣劳动的关系紧密结合在一起的，剩余价值正是通过资本与雇佣劳动相结合而作用的产物。恩格斯在《在马克思墓前的讲话》中这样评价：

"正像达尔文发现有机界的发展规律一样，马克思发现了人类历史的发展规律，即历来为繁芜丛杂的意识形态所掩盖着的一个简单事实：人们首先必须吃、喝、住、穿，然后才能从事政治、科学、艺术、宗教等等；所以，直接的物质的生活资料的生产，从而一个民族或一个时代的一定的经济发展阶段，便构成基础，人们的国家设施、法的观点、艺术以至宗教观念，就是从这个基础上发展起来的，因而，也必须由这个基础来解释，而不是像过去那样做得相反。

不仅如此。马克思还发现了现代资本主义生产方式和它所产生的资产阶级社会的特殊的运动规律。由于剩余价值的发现，这里就豁然开朗了，而先前无论资产阶级经济学家或者社会主义批评家所做的一切研究都只是在黑暗中摸索。"

需要特别指出的是，世界历史上从来没有一位思想家能像马克思那样，把自己学说的命运同社会现实如此紧密地结合起来，随着实践的发展不断补充和修正理论。晚年马克思在对早期著作不断修订的同时，更加自觉深入地思考其学说未来的命运。他一方面欣慰于自己毕生所从事的事业后继有人，悉心地予以支持、帮助和指导；但另一方面，敏锐地觉察出自己的思想、苦心在当时已经不能被忠实理解和准确转换，而是出现了很多误读、偏差和曲解。为此，他很焦虑，频频发出沉郁的慨叹："我只知道我自己不是'马克思主义者'。"这句振聋发聩的话是马克思提醒后继者不能把他的学说理解和演变到违背其真正原意的道路上去。马克思特别反感把"唯物主义""唯物史观"当作标签，只看重马克思主义哲学依赖于物质存在的条件，而排斥思想领域反过来对物质存在方式起作用，把唯物史观解读为"经济决定论"，使唯物主义成为只是一个套语，"一把这个标签贴上去，就以为问题已经解决了"。

3. 马克思之所以成为"千年第一思想家"，就在于亲自投身于人类的解放事业，在革命斗争实践中检验自己的理论和探索人类解放的道路。马克思首先是一个革命家。他毕生的真正使命，就是以这种或那种方式参加推翻资本主义社会及其所建立的国家设施的事业，参加现代无产阶级的解放事业。正是他第一次使现代无产阶级意识到自身的地位和需要，意识到自身解放的条件。斗争是他的生命要素，很少有人像他那样满腔热情、坚韧不拔和卓有成效地进行斗争。1867年后，马克思很重要的一项活动是参与和思考西欧工人运动，这包括受托起草国际工人协会的文件、发表对"巴黎公社"事件的评论，以及与德国社会民主党之间的关系和对俄国革命的关注。

马克思是无产阶级革命的指引者、实践者。他和恩格斯把"正义者同盟"改造成为历史上第一个无产阶级政党"共产主义者同盟"，并为它制定了第一个科学纲领——《共产党宣言》。马克思参与1848年3月爆发的德国革命，支持法国无产阶级革命和他们建立的第一个无产阶级政权巴黎公社。他与恩格斯一道创立无产阶级第一个国际性组织——国际工人协会，即第一国际。由于参加革命活动，马克思饱受普鲁士政府的迫害，遭到法国和比利时政府的驱逐。尽管由于当时缺乏无产阶级革命夺取政权建立社会主义制度的历史条件，马克思终其一生并没有亲眼看到无产阶级革命牢固地夺取政权并建立社会主义国家；尽管马克思19世纪50年代退入书房，但他并没有也从来没有想过要退出战斗。马克思终其一生都是伟大的无产阶级革命家，他不是书斋里的学者，更不是唯恐烧着自己手指的小心翼翼的庸人。

马克思在第一个无产阶级政权——巴黎公社最终失败时就指出，巴黎公社的原则是永存的！这表明马克思对社会主义革命充满无限信心。马克思毕生关注被压迫民族的革命斗争和命运，他支持中国反对英法帝国主义以鸦片贸易为借口的侵略战争，谴责帝国主义对中国的无耻掠夺，对中国人民充满同情并对中华民族的觉醒寄予期待，预言"过不了多少年，我们就会看到世界上最古老的帝国作垂死挣扎，同时我们也会看到整个亚洲新纪元的曙光"。正如习近平在纪念马克思诞辰 200 周年大会上的讲话中所指出的："帝国主义的野蛮侵略和中国人民的深重苦难引起了马克思高度关注。第二次鸦片战争期间，马克思撰写了十几篇关于中国的通讯，向世界揭露西方列强侵略中国的真相，为中国人民伸张正义。马克思、恩格斯高度肯定中华文明对人类文明进步的贡献，科学预见了'中国社会主义'的出现，甚至为他们心中的新中国取了靓丽的名字——'中华共和国'。"即使健康恶化的晚年，马克思仍然关心俄罗斯社会发展前景和俄国农村公社的命运问题，论述了关于落后国家跨越资本主义"卡夫丁峡谷"的多种可能性和条件。马克思晚年给维·伊·查苏利奇的三易其稿的复信就是确证。

马克思作为革命家的光辉一生，是关心并参与被压迫无产阶级的斗争，关心弱小民族反对外来侵略斗争和反对本国统治者斗争的一生。马克思的一生是短暂的，仅仅 65 年，可他为之奋斗的伟大事业却延续至今，并继续发扬光大。马克思的光辉一生为后世的革命者树立了崇高的榜样。

马克思既是伟大的革命家，又是伟大的思想家。历史上有许多著名的革命家，但他们并非伟大的思想家；也有过许多卓越的思想家，但他们并不是代表被压迫阶级的革命家。可以毫不夸张地说，只有在马克思身上，革命家和思想家才达到了历史上最完美的结合。革命性和科学性的统一，是马克思个人的品格特征，也是马克思主义学说的本质特征。

更重要的是，不仅是在社会主义国家，马克思的思想产生了深远影响，在世界其他地方也改变了人们的思维方式。不论我们是否赞同马克思，他都已经塑造了我们对于社会的观念。他建立起一个来源于哲学、历史、经济学和政治学的体系。由于我们关于历史和社会的很多观点是同"马克思的幽灵"进行对话的结果，这些理论已经成为 20 世纪以及未来精神框架的一部分。由于有力地综合了历史、哲学、社会学和经济学，马克思的社会理论成为 19 世纪最重大的思想成就之一。

一百多年来，马克思主义已经成为这样一种语言：数百万人用它来表达他们对一个更公正的社会的希望。作为反抗的工具，马克思对宗教的描述给很多从中看到自己使命的人以很大的力量："宗教是被压迫生灵的叹息，是无情世界的心境，正像它是无精神的制度的精神一样。"依靠一套理论，一个人可以创建一个学派；依靠一套价值，一个人可以创建一种文化、一种文明、一种共同生活的新方式。马克思在社会主义的理论和价值两方面，都是思想的巨人。

第二章

深刻改变了世界和

中国的科学理论

Chapter 2

习近平指出:"马克思主义不仅深刻改变了世界,也深刻改变了中国。"以马克思名字命名的科学理论——马克思主义,犹如壮丽的日出,照亮了人类探索历史规律和寻求自身解放的道路。它是科学的理论,创造性地揭示了人类社会发展规律;是人民的理论,第一次创立了人民实现自身解放的思想体系;是实践的理论,指引着人民改造世界的行动;是不断发展的开放的理论,始终站在时代前沿。马克思主义不断探索时代发展提出的新课题、回应人类社会面临的新挑战,所以能够永葆其美妙之青春。

一、世界各国社会主义产生与发展的理论来源

具体来讲,马克思、恩格斯立足于社会实践,创立了唯物

史观和剩余价值学说，揭示了人类社会发展的规律和资本主义剥削的秘密，论证了无产阶级的历史使命，创立了科学社会主义。科学社会主义理论是马克思和恩格斯参与具体社会实践，积极投身于工人运动和总结工人运动经验的基础上形成的理论。世界各国社会主义的产生和发展，都直接源于科学社会主义理论。

（一）平地起惊雷：科学理论指导第一个社会主义国家产生

众所周知，1917 年列宁领导十月革命取得胜利，建立起世界上第一个社会主义国家，即苏俄。这一历史事实印证了马克思的无产阶级革命理论：只有通过革命推翻反动统治阶级，才能实现社会主义的伟大胜利。世界各国社会主义的产生属于无产阶级革命的一部分，而无产阶级革命的爆发直接源于马克思的理论。无产阶级革命和无产阶级专政的理论是马克思理论的重要组成部分，马克思主义是在无产阶级革命实践中产生和发展起来的。

马克思第一次阐明了现代无产阶级是推翻资本主义的"掘墓人"，建设社会主义的领导力量是革命最彻底最有前途的阶级。无产阶级的历史使命在于解放自身和解放全人类，而要实现历史所赋予的伟大使命，必须通过无产阶级革命和无产阶级专政来推翻资本主义，建立社会主义。正如马克思理论所指出的，资本主义必然灭亡以及社会主义必然胜利的社会发展规律。马克思、恩格斯的无产阶级历史使命学说是建立在对资本主义社会基本矛盾分析，以及无产阶级和资产阶级对立基础上的。
一方面，马克思指出，生产资料资本主义私人占有和生产社会
化之间的矛盾是资本主义社会的基本矛盾，这是生产力与生产
关系之间的基本矛盾在资本主义社会的具体体现。资本主义越
发展，资本主义基本矛盾越尖锐，当无法调和时就会引起社会
革命。另一方面，在资本主义社会中，存在着无产阶级和资产
阶级两个对立的阶级，无产阶级要完成自己的历史使命，必须
进行反对资产阶级的斗争。可见，社会基本矛盾是社会发展的
根本动力。在阶级社会中，阶级斗争是社会基本矛盾的主要表
现，是社会发展的直接动力。阶级斗争对阶级社会发展的推动
作用，突出表现在社会形态的更替中。当社会矛盾激化到不可
调和的地步时，只有通过先进阶级反对反动阶级的斗争，推翻
反动阶级的统治，才能建立新的社会形态，从而推动社会的前
进，这是马克思的唯物史观的重要内容。

　　苏俄社会主义政权的建立，检验了列宁"一国胜利论"的
正确性。"一国胜利论"是列宁主义的重要内容，不仅孕育了俄
国十月革命，而且带动了中国革命，是世界各国社会主义产生
的理论前提。实际上，列宁的"一国胜利论"直接依据了马克思、
恩格斯的"共同胜利论"，是一脉相承、与时俱进的体现。马克
思、恩格斯立足于自由资本主义时代条件，指出无产阶级革命
将在几个主要的资本主义国家内同时发生。当然，这个同时发
生并不意味着革命将在某一天或某一时刻同时发生，而是指同

一历史时期。"共同胜利论"的提出与当时所处时代条件是相一致的。此后，随着资本主义的发展逐步进入帝国主义阶段，资本主义世界的政治经济条件发生了新的变化。资本主义政治经济发展不平衡状况逐步加剧，列宁在资本主义政治经济发展不平衡规律基础上，发现其与社会主义革命之间的关系，从而提出社会主义革命首先会在一国取得胜利。

当然，列宁的"一国胜利论"也是一个逐步发展变化的过程。1915 年 8 月，列宁在《论欧洲联邦口号》中提出，"由此就应得出结论：社会主义可能首先在少数甚至在单独一个资本主义国家内获得胜利"。后来，他又在《无产阶级革命的军事纲领》中进一步肯定和阐述，"社会主义不能在所有国家内同时获得胜利。它将首先在一个或者几个国家内获得胜利"。最终，列宁根据俄国的具体情况得出社会主义可能在经济文化相对落后的俄国首先取得胜利的结论，并将其付诸实践，取得十月革命的胜利。从中我们不难看出，列宁的主张实质上是从社会主义首先在一个"先进国家胜利"开始，后来转变为社会主义革命首先在一个"落后国家爆发"。显然，列宁是在马克思、恩格斯基础上，根据当时时代条件的具体变化，实现了"共同胜利论"转变为"一国胜利论"。因此，经济文化落后的国家在特定历史条件下可以率先建立起先进的社会主义制度，是列宁的关于无产阶级革命学说的重要贡献。而这一贡献离不开马克思、恩格斯的已有理论基础，同时列宁主义也是马克思主义理论的重要组成部分，所以无论从哪一层面而言，世界各国社会主义的产生都直接渊源于马克思主义。

列宁和他的革命战友们及其后继者，成功把马克思主义写进了世界历史。马克思主义从一种学说、一种理论、一种主义，到创造出一种制度、一种国家、一种生活方式。全世界最多时在 102 个国家有 149 个马克思主义政党，有 50 多个以马克思主义政党执政的社会主义国家。

（二）润物细无声：科学理论指导世界各社会主义国家发展

世界各国社会主义的产生直接源于马克思主义，同时社会主义的发展也符合马克思主义所阐述的社会发展规律。马克思主义作为千载华章，其价值绝不是仅供人们获得某种精神品位，最为重要的在于通过马克思主义的实践活动，达到改造世界、推动人类社会进步的目的。

马克思主义区别于其他理论学说的最大不同，就在于它的实践价值。自觉地坚持以马克思主义为指导来推进人类社会的进步发展，是每个社会主义者必有的觉悟和责任。2018 年 4 月 23 日，习近平在中共中央政治局第五次集体学习时强调："与时代同步伐，与人民共命运，关注和回答时代和实践提出的重大课题，是马克思主义永葆生机活力的奥妙所在。"马克思主义是具有世界历史眼光的科学理论体系，它所要解决的是全人类所面临的、层出不穷的共同问题，它坚信每个人的自由全面发展是一切的人自由全面发展的条件。在此意义上，只有坚持实事求是、与时俱进，才是马克思主义的真谛。

第一，为各国无产阶级提供了开展解放斗争的思想武器。无产阶级解放事业，是人类社会进步历程中最伟大最壮丽的事业。完成这一宏伟大业，必须以马克思主义指导无产阶级的行动。在社会主义发展史上，许多杰出人物提出过各种各样社会变革的方案，以寻求建立美好社会制度的途径，但都因其缺乏科学性而不能指导无产阶级获得真正解放；甚至在非科学的理论指引下，使无产阶级解放事业步入歧途，遭受挫折和失败。马克思主义的诞生，给无产阶级解放事业提供了正确的思想武器。它从总结无产阶级解放斗争的经验中来，又必定能回到无产阶级解放斗争的实践中去，给无产阶级指明前进的道路和方向，引导无产阶级解放运动不断从胜利走向新的胜利。马克思主义创立后的 170 年的风雨历程，尽管走得很不平坦，但世界社会主义运动仍在实践中不断探索前进。只要各国的无产阶级坚持马克思主义这一思想武器不动摇，最终必将赢得无产阶级解放运动的彻底胜利。

第二，为世界社会主义发展提供了精神动力。马克思主义揭示了社会主义必然代替资本主义这一历史规律，激励着各国无产阶级和劳动群众为之努力奋斗。但是，这一规律在实际运行中并不是直线推进的。人类历史的发展就像一条历史长河，有飞流直下、一泻千里的奔腾，也有碰到峭壁险滩时的滞流或洄流。只有掌握马克思主义理论，才能认清前进的方向，坚定发展的信念。不管人类社会的发展多么曲折蜿蜒，社会主义代替资本主义是历史长河的一种基本流向，这种社会发展大趋势是不可改变的。只有树立起马克思主义的信仰，人们才能获得坚定不移于社会主义事业的精神动力。在世界社会主义事业发展比较顺利、呈现高潮的时候，不至于被胜利冲昏头脑，盲目乐观，骄傲自满；在世界社会主义遇到艰难险阻、陷入低潮的时候，也不至于被挫折吓破胆，灰心丧气，裹足不前。马克思主义具有与时俱进、开拓创新的理论品质，它为人们提供源源不竭的精神动力，激励人们不断把世界社会主义发展推向前进。

第三，为每个社会主义者提供了行动指南。马克思主义正确地揭示了人类社会发展的规律，也集中体现了无产阶级和广大劳动人民的意志和利益。它可以使每个社会主义者树立起正确的世界观和人生观，以乐观向上的态度来对待社会、对待事业和人生。它帮助人们确立远大的奋斗目标，采取健康有益的行为方式，树立坚韧不拔的毅力，为人类进步作出自己应有的贡献，同时也实现自身的价值目标。只有以马克思主义为行动指南，才能增强人们干社会主义事业时的原则性、系统性、预见性和创造性，增强人们辨别是非的能力。社会是个大舞台，各种思想和行为都会在这个大舞台上表演出来。人们崇尚真善美，贬斥假恶丑，但不同思想修养的人往往对真善美和假恶丑有着不同的评判标准。怎样才能确立正确的评判标准和提高分辨能力？这就要掌握马克思主义这一行动指南，提高自己的思想修养，以是否符合工人阶级和广大劳动人民的利益、是否符合社会主义的发展进步为最根本的标准来衡量人们的言行，从而崇真弃假，兴善除恶，扬美抑丑；克服真假不辨，善恶不分，甚至以丑为美的不良现象，切实使真善美的东西大行于天下，人心纯正，世道昌明。

马克思主义的科学理论，对各国无产阶级和所有劳动人民推动社会进步、进行社会主义建设具有巨大的指导作用；同时它要求各国无产阶级和其他劳动人民在革命或建设实践中不断研究新情况，解决新问题，在坚持马克思主义的前提下不断丰富和发展马克思主义，使它的指导作用更有力、更直接、更见实效。马克思主义实践的历史进程，由于受不同国家社会历史条件的影响，必然会呈现出多样化的表现。各国无产阶级及其政党不能把革命导师的某些论述教条化，应以他们的思想为指导原则，结合本国实际情况，不断探索前进，开辟新的发展路径。

特别是在经济文化落后的国家先于发达资本主义国家进入社会主义社会后，在社会主义初级阶段上必然会有自己的某些特殊表现。这些特殊表现既体现了马克思主义创始人关于未来社会主义社会基本形态论述的本质内容，但又不是那种理想社会图示的简单仿造。马克思、恩格斯早已申明，他们不打算给未来社会设计既成的方案，只是揭示它的一般发展规律和总的发展目标。已经建立社会主义制度的国家应当把研究社会主义建设的规律，作为马克思主义研究的重点，既要坚持革命导师所作的社会主义建设一般规律的论述，又要结合本国国情，探索社会主义建设的具体规律，包括经济建设、民主政治建设、思想文化建设等各个方面，以及不同发展阶段的特殊规律。中国共产党提出的中国特色社会主义理论体系，就是关于社会主义建设的一般规律同中国社会主义建设的特殊规律的有机结合，是对马克思主义关于社会主义建设理论的极大丰富和发展。

历史与现实证明：马克思主义能够解释世界、改变世界，具有强大的生命力。自马克思主义诞生以来的170年，世界形势发生翻天覆地的变化，社会主义国家在全球开始迅速发展，即便在20世纪末期世界社会主义发展受到严重挫折，出现诸如苏东剧变这样的悲剧；但归其原因，这并非是马克思主义的错误，很大程度上是这些国家的共产党放弃了马克思主义的指导地位，脱离了马克思的基本思想。退一步而言，今天世界现实的发展和可以预见的未来，并没有超越马克思主义所揭示的基本规律，而恰恰在不断证明其揭示的规律的科学性。因此，从这一层面而言，马克思主义已经改变了世界，社会主义制度的建立来源于马克思主义的指导，而社会主义制度的不断发展同样必须坚持马克思主义的指导。

二、资本主义国家孕育和产生社会主义因素

马克思发现了资本主义这一历史阶段背后的现实，首创了

一种研究隐蔽的真实的考察模式，即社会分析方法，并永久地改变了人们感知现实的方式。与第二次世界大战前的资本主义相比，当代资本主义发生了巨大的变化，突出表现在发达资本主义国家内部孕育了大量新社会因素，这是资本主义向社会主义过渡的物质准备和过渡形式。实践证明，新社会因素的出现在马克思经典作家那里早有论述，并有着充分的马克思理论依据。因而，这验证了马克思理论的科学性，使得马克思的理论在当代世界中的地位和影响力有增无减，这也是马克思被评为"千年第一思想家"的重要原因之一。

（一）国际金融危机后马克思再次"火"起来

在资本主义百弊丛生、西方乱象重重凸显的今天，马克思关于资本主义深层悖论的预言已充分论证，让人类明辨马克思主义时代价值的历史契机已然显现。马克思以其科学、辩证的方法诠释历史，但其着眼点始终是人类发展的未来。

源于美国的国际金融危机 2008 年 9 月爆发后，马克思及其学说便频繁出现在西方主流媒体上。马克思的著作在德国、美国和英国等地持续热销，研究、推崇马克思学说的社会活动不断升温。

马克思对资本主义社会矛盾的揭示可谓入木三分，其旷世名著《资本论》在西方也可谓家喻户晓。随着 20 世纪末苏东剧变，世界社会主义发展进入低潮，在一些西方学者预言社会主义将终结，资本主义将永续发展的奇谈怪论影响下，西方民众

对马克思及其著作都不屑一顾。但是，事实胜于雄辩。当中国
特色社会主义建设呈现勃勃生机的时候，当资本主义经济危机
再次梦魇般席卷欧美大地的时候，西方民众开始重新认识马克
思及其经济学著作。

　　有人说，马克思早在150年前就预言到了眼下这轮日益蔓
延的金融危机。因而，马克思的代表作《资本论》持续热销，
喜欢阅读马克思的人越来越多。有人甚至认为，如果目前的国
际金融危机持续恶化，受害的劳动阶级可能再次联合起来，采
用激进的手段改变现存的不合理的经济制度。国际金融危机爆
发以来，去参观马克思位于德国特里尔市的故居的人明显增多。
不少参观者千里迢迢从其他国家赶到这里，切身领会这位资本
主义最伟大的批评者是如何分析经济危机的。英国《独立报》
曾发表文章指出，如今，马克思成了人们重新热议的人物。众
多英国报纸纷纷刊登马克思关于商业和经济的研究文章，称赞
他对经济繁荣与衰退的精妙分析。更有意思的是，马克思居然
荣登《泰晤士报》的封面。

　　2008年国际金融危机爆发后，西方掀起一股"马克思热"。
在英国广播二台的早间专题节目中，主持人特里·韦根向听众
讲解马克思针对贪婪的银行家所撰写的文章。韦根称："现在，
我们可以从马克思那里学到很多东西。我们看到那些企业高管
在我们不知情的情况下掳走了许多财富，而且居然没有触犯法
律。如今是我们要有所行动的时候了。"现在，马克思不仅在他

曾流亡多年的近现代资本主义发源地英国再次火了起来；而且在当今最发达的资本主义国家美国，他也成了媒体关注的热点。2009年4月号的《大西洋月报》发表了一篇题为《卡尔·马克思的复仇》的文章。5、6月号的《外交政策》杂志更是发表了有马克思画像的封面文章，刊中有一篇文章是加拿大约克大学著名政治学教授利奥·帕尼奇撰写的，题目为《十分时髦的马克思》。帕尼奇教授在文章中说，如果马克思今天还活着，"他肯定喜欢说，现在的危机是由资本主义固有的缺陷造成的"。现代金融业的发展，如证券和金融衍生品等，过去数十年在促进经济高速增长的同时，也直接催生一系列不可避免的金融泡沫，其中最危险的就是美国的房地产泡沫。所以，当美国的房地产泡沫最终迸裂时，对世界的影响是如此深远而惨烈。马克思会以此作为"资本主义像一个魔法师，无力控制自己召唤出来的魔鬼"的完美例证。如果仔细分析一下当前在世界范围内出现的"马克思热"，我们不难看出，表面现象是人们在看他的书、参观他的博物馆；但深层内涵是，人们普遍缺乏指导性的理论来帮助其看清国际金融危机的本质。

　　"如果马克思今天还活着……"这些年来，国际社会普遍强调细节决定成败、技术创新等微观层面的东西，而忽略大思想、大战略等宏观性的理论探讨。因此，当世界金融危机突然爆发时，国际社会普遍感到迷茫。马克思是从生产资料的私人占有与生产的社会化这一资本主义的固有矛盾入手，来分析资本主义经济危机的。他的站位很高，可以说是高屋建瓴的宏观经济危机分析。正如帕尼奇教授所说，如果马克思今天还活着，他或许也不会专注于当前的危机何时和如何结束。如今，世界各国都在为应对经济危机而努力，但多数都停留在找寻技术性的微观补救措施。时代正呼吁"现代马克思"的出现，为解决目前的危机提供一套切实可行的大思想。

（二）《资本论》热销证明马克思并未过时

对资本主义剥削制度下的周期性经济危机的分析，是马克思主义政治经济学的重要内容。从一定意义上说，正是对资本主义剥削制度下周期性经济危机背后所隐藏的、资本主义制度难以克服的生产资料私有制，与社会化大生产之间矛盾冲突的揭示，在理论上佐证和进一步说明了社会主义制度代替资本主义制度的必然性。然而，20 世纪中期资本主义国家有意识地对经济进行的干预和调节，不仅仅在一定程度上缓和了资产阶级与无产阶级之间的矛盾，而且在一定程度上减轻了资本主义经济危机的破坏性，以致被资本主义国家的学者误认为经济危机已经消失，甚至一度引起社会主义国家一些学者对马克思主义关于资本主义经济危机的怀疑。然而，历史发展总是不以人的意志为转移的，经济危机周期性爆发的规律，也没有伴随资本主义国家经济的振兴和发展而消失，它总是以不同的方式和时间或明显或隐蔽地展现出来。

进入 21 世纪以后，西方国家虚拟经济得到新的更大的发展，金融业在整个经济体系中的地位和影响越来越大，虚拟资本、虚拟经济在造就资本主义经济繁荣的同时，也埋下了定时炸弹。直到 2007 年底 2008 年初，这枚炸弹终于不可避免地爆炸了。它不仅震垮了资本主义经济，也惊醒了迷茫和困惑之中的人们：经济危机没有根除，马克思主义的危机理论没有过时，马克思主义也没有过时。正是在这样的背景下，西方社会出现了一股"马克思热"，马克思的著作在西方更火了，马克思的理论在西方的讨论又热烈起来了。

《资本论》的热销，足见马克思主义经济学著作在西方仍具有生命力。金融危机的爆发使得西方国家人们重新思考马克思的经济学著作，出现"捧热"《资本论》的现象。华尔街金融危机的蔓延，让自由资本主义走入死胡同。批判资本主义的鸿篇巨制《资本论》重新成为读者的宠儿。马克思的著作中最畅销的，还是他在 1867 年出版的《资本论》第一卷。正是因为《资本论》的巨大销量，英国媒体开玩笑称，如果马克思还在世的话，《资本论》的巨额版税收入会让他轻松进入福布斯富豪榜。据统计，在德国黑森地区《资本论》最为畅销，而且读者多是青年一代。柏林卡尔·迪茨出版社社长尤尔根·施特隆普说："现在，马克思又成为了时尚。我们看得非常清楚，现在马克思的书非常热销，我们预计到了今年年底，销量还会增加很多。因为很多人都会选择这本书做圣诞节的礼物。"施特隆普介绍说，现在这本书的主要读者是青年学者。因为这次金融危机的大爆发告诉青年一代，新自由主义的幸福诺言并没有兑现。

事实上，马克思在《资本论》的第三卷中用很大的篇幅来分析资本主义信用，指出资本主义信用是资本主义生产方式固有的自然基础，信用必然随着资本主义生产方式的发展而不断的普遍化，正是在信用的基础上产生了资本拜物教的典型形式——借贷资本。随着金融资本的扩张和大量金融衍生品的出现，资本拜物教发展到了以虚拟资本为主体的金融资本形式上。

美国的次贷危机与金融危机的爆发存在内在的关联性，从本质上看，二者都是基于同一矛盾根源——资本主义生产方式内在的矛盾运动。正如有学者指出的那样，危机的根源并未超越马克思危机理论的逻辑，这个逻辑就是资本制度的内生矛盾——有效需求不足——生产过剩——透支消费——违约率上升——经济危机。商品内在二重性矛盾潜伏危机产生的可能性，资本主义私人占有制度使危机爆发成为必然现实，美国金融危机是资本主义制度性危机。当然，我们也应该看到，在金融危机爆发的运行层面，按照马克思的虚拟资本理论，当前国际金融危机的成因和实质——当代金融资本的贪婪性所驱动的虚拟资本过度扩张和经济泡沫的膨胀——是国际金融危机的最深刻根源。现代金融危机是在虚拟经济条件下的金融危机，只是金融投机者的危机，是他们财富缩水的危机，而不是实际消费者的危机。即使虚拟经济灰飞烟灭，实体经济还在。

（三）跳不出社会主义的"手掌心"

当代资本主义发展的现实表明，新的社会因素正在以不同形式出现于资本主义内部，资本主义每前进一步，社会主义因素都不断显现出来。具体而言，表现在以下几个方面。

一是资本主义生产资料所有制发生新变化。资本主义生产资料所有制经历了一个不断变化的过程。资本主义初期主要采取的是个体资本所有制，所有权和控制权统一于资本家手中，反映的是资本家与雇佣劳动者的剥削与对立。随着股份公司的兴起，私人股份资本所有制取代了个体资本所有制，所有权与控制权不再统一。第二次世界大战后，资本主义所有制发生明显变化，国家资本所有制形成，法人资本所有制崛起。国家资本所有制中国家拥有国有企业的所有权和控制权，有利于推行政府政策，为私人垄断资本发展服务。由于国家资本所有制主要存在于基础设施和公共服务部门，所以对整个社会经济发展有着十分重要的作用。法人资本所有制使公司资本的所有权与控制权趋于合一。当然，这些新的所有制形式的产生仍然处于资本主义大背景下，体现的仍然是资本剥削雇佣劳动的关系，但同时也使得资本占有的社会化程度不断提高。

二是劳资关系和分配关系发生新变化。随着社会生产力的提高，资本家开始采取一些缓和劳资关系的措施，加强工人对资本家的依附与服从。例如，职工参与决策、终身雇佣、职工持股等。其中，职工参与决策，是使劳资双方共同参与企业决策，实质是为了缓和阶级矛盾；终身雇佣，是使工人增强企业归属感，自觉服从资本家统治；职工持股，是让工人持有本公司的一部分股份，从而调动工人生产积极性，提高劳动生产率，增加剩余价值。此外，还有福利制度的实施，一定程度上满足了劳动者的安全生活需求，使工人阶级生活状况得到改善，但其实质是为了缓和阶级矛盾、保障社会稳定，旨在资本主义内部进行分配关系的新调整。

三是经济调节机制发生新变化。第二次世界大战后，随着国家垄断资本主义的产生，资本主义国家经济调节机制上虽然仍采取的是市场机制，但市场机制已经不是唯一的经济调节机制，资产阶级也开始对经济进行干预。国家对经济增长、秩序稳定等承担起重要职能，与市场经济共同发生作用，推动资本主义经济的发展。与此同时，经济危机形态发生明显变化，金融危机频繁发生，波及范围广泛，对资本主义经济发展的冲击力加大。例如，2008年金融危机的爆发波及全球，影响非常大。而中国是受此次经济危机影响最小的国家，因而资本主义国家纷纷开始研究借鉴"中国模式"，此举对资本主义的经济调节机制的进一步变化起到了推动作用。此外，当代资本主义的新变化还体现在阶级、阶层结构的变化，政治制度的变化。国家机构的权限不断加强，政治制度出现多元化趋势，公民权利扩大，等等。

从资本主义社会中新的社会因素的出现，我们可以看出，资本主义的调整和改革目的是为了缓和阶级矛盾，挽救资本主义的灭亡，但其调整过程中却有意无意地吸收了一些社会主义的因素，客观上造成了社会主义因素的产生，为资本主义向社会主义的转变不断积累物质财富，做好过渡准备。

其实，资本主义社会孕育社会新因素这一论断，马克思经典作家早已有所阐述，并且有着充分的马克思主义理论依据。关于资本主义内部能够孕育新社会因素，马克思、恩格斯在《共产党宣言》中就明确指出："当人们谈到使整个社会革命化的思想时，他们只是表明了一个事实：在旧社会内部已经形成了新社会的因素，旧思想的瓦解是同旧生活条件的瓦解步调一致的。"由此可以看出，资本主义从封建社会中产生，同理，新的社会因素产生于资本主义的母体中，资本主义的灭亡和社会主义的胜利是必然的，是不以人的意志为转移的。对于资本主义社会新社会因素的产生，列宁认为资本主义发展的过程也就是社会主义因素的增长过程，资本主义新社会因素的出现，实质是资本主义向社会主义的过渡和准备。他指出："国家垄断资本主义是社会主义的最充分的物质准备，是社会主义的前阶，是历史阶梯上的一级，在这一级和叫作社会主义的那一级之间，没有任何中间级。"其实，社会主义现在已经在现代资本主义的一切窗口中出现，在这个最新资本主义的基础上前进一步的每项重大措施中，社会主义已经直接地且实际地显现出来了。

当然，这只是马克思主义经典作家的原话，是马克思理论的具体体现。如果我们抛开这些原话论述而从马克思的理论本身出发来看，资本主义社会新因素的出现，实质是符合辩证唯物主义和历史唯物主义观点的。

唯物辩证法认为，矛盾存在于一切事物中，存在于一切事物发展过程的始终，旧的矛盾解决，新的矛盾又会产生，事物始终在矛盾中运动。对立和统一体现了矛盾的两种基本属性。资本主义国家一直存在着资产阶级和无产阶级两个对抗阶级，当两者处于严重失衡状态时就会影响和阻碍资本主义社会的发展，而资本主义为缓和矛盾进行了新的调整，导致内部新的社会因素的出现，所以新的社会因素不是凭空出现的，而是产生于资本主义内部固有矛盾运动基础上的。

历史唯物主义指出，生产力是社会发展的最终决定力量，生产力的发展是整个社会发展的主要标准。所以，从这一层面而言，衡量社会进步与否，从根本上说就是看它是否有利于生产力的发展。从历史发展来看，一种新的社会形态取代旧的社会形态，在于它能够创造出更高的生产力。所以新旧社会制度之间的更替，是一个生产力发展作用的表现；而旧社会中新的社会因素的出现是过渡的突出表现，是生产力发展的结果。没有生产力的发展，也就没有生产关系的变革。以此推之，资本主义社会中新社会因素的出现是符合社会历史发展规律的，也是符合马克思主义经典作家论述的，充分体现了马克思主义理论的科学性，而这种科学性无疑在很大程度上，促进了人们对马克思理论的信仰，以及对马克思主义创始人马克思的敬仰。

在人类思想史上，马克思对人类的思想、文化和社会发展产生了深远的影响。与此同时，马克思被评为"千年第一思想家"。深刻理解马克思何以被评为"千年第一思想家"，我们必须从马克思理论本身出发来探索。历史与现实证明，马克思的理论能够解释世界，并且具有强大的生命力；当然，马克思的理论在指导人类解释世界的同时，更为重要的是指导人类以具体的实践方式改造世界。自马克思主义诞生以来，人类社会发生了翻天覆地的变化，其中最明显的就是社会主义国家的建立，与资本主义社会共同构成当今世界的两种社会制度。事实上，各国社会主义的产生和发展都源于马克思的理论，而资本主义社会中出现了大量社会主义因素，也验证了马克思的理论的科学性。

三、马克思的理论改变了世界也改变了中国

人类从自然界分化出来并通过具体实践劳动而产生意识以来，无非从事着两大类活动：认识世界和改造世界。人类在自然界所从事的一切，不仅仅是认识和解释事物规律，更为重要的是通过认识和解释事物规律以便更好地服务于人类，这就必然涉及改造事物的过程，进一步扩大范围，就是改造世界。事实上，正是在不断地改造世界中，人类文明才得以更好地发展。

同样，马克思的理论成功之处并不只是简简单单地解释世界，而是在解释世界的基础上改变世界，正如马克思在《关于费尔巴哈的提纲》中指出："哲学家们只是用不同的方式解释世界，问题在于改变世界。"

马克思改变世界的理论，并非是用书斋里的抽象言论来高谈阔论，而是用实实在在的真理来指导人们改造世界，而这其中的主体就是无产阶级和广大人民群众，正如马克思所说的，"哲学把无产阶级当作自己的物质武器，同样，无产阶级也把哲学当作自己的精神武器"。正是在马克思理论的指导下，全世界无产阶级彻底明确了自己身处的地位，发现了自己被剥削的根源和状况，也清楚了自己的使命，开始与资产阶级进行更加激烈的斗争，也改变了整个世界。这种改变不仅体现在人们的思想观念、价值取向等方面的变化，更多地体现在社会主义制度的建立，从而改写了资本主义一统天下的世界局面。

（一）马克思的思想在西方萌芽生长

马克思一生被多次驱逐，从普鲁士到布鲁塞尔，再到巴黎。1849 年 8 月，马克思被法国政府驱逐来到英国伦敦，伦敦成了他最后的栖身之所。其实，在尚未来到伦敦之前，马克思就已经与伦敦产生了联系。1948 年 2 月，马克思主义的代表作《共产党宣言》第一次出版单行本就是在伦敦。

一个耳熟能详的故事是，马克思长期在大英博物馆的阅览室看书，习惯用脚来回蹭地，以至于座位下的水泥地面磨去了一层皮。当然，在 30 年左右的时间内，同一个人不可能坐在同一个位子。这则故事在中国的盛行更多是体现民众对马克思的热爱，对他孜孜不倦刻苦钻研的崇敬。

从 1857 年起，马克思在大英博物馆从事包括《资本论》在内的数项计划的研究，同恩格斯进一步发展英国古典经济学理论、李嘉图关于劳动价值论的理论，提出马克思最重要的发现之一——剩余价值论。1864 年 9 月 28 日，第一国际在伦敦成立，马克思成为实际上的领袖，并起草《成立宣言》《临时章程》和其他重要文件。

2015 年 9 月 12 日，英国最大的反对党工党选举产生新任党魁，激进左翼候选人杰里米·科尔宾以接近 60% 的得票率高票当选。

科尔宾是马克思的"粉丝"，他在一次电视采访中说，马克思从本质上说是一个有魅力的人物，他观察到了大量规律，从他身上我们可以学到很多东西。路透社说，过去三四十年，表达对马克思的赞美，可谓是工党政治人物的禁忌。而科尔宾毫不顾忌，"社会主义"一词更是经常脱口而出。

"日不落"时代以工业立国的大不列颠，现已成为一个金融强国。而伦敦金融城被称作英国经济的心脏，与美国华尔街一样算是高大上的世界金融中心。在这里，跨国贷款占全球总额的 19%，日均外汇交易约 2.5 万亿美元，占世界 41% 的份额；在这里，拥有世界顶尖的国际保险市场、最古老的证券交易所与黄金市场……

伦敦金融城的繁荣，是西方流行的新自由主义缔造的商业典范。然而，自 2008 年国际金融危机起，随着各国损失惨重的商业人士努力寻找造成这场金融危机的根源，西方学界和商界人士开始重新审视马克思主义经济学。

在德国，德文版的《资本论》开始热销。一名出版社经理说："马克思再一次成为了时髦。我们又有了对这场金融危机感到恼火的新一代读者，他们认识到新自由主义最终证明是一个虚假的梦。"德国马克思故居展览馆馆长比特里克斯则说："我记不清听到人们这样讲了多少次：'这个人是对的'。"

不仅仅是《资本论》，马克思主义经济学的相关衍生著作也一时洛阳纸贵。例如，法国左翼经济学家托马斯·皮凯蒂在 2013 年出版了新著《21 世纪资本论》。该书一问世便引发东西方各国的热议和争论。皮凯蒂认为，我们正在倒退回"承袭制资本主义"的年代，该书用大量历史数据对当代资本主义制度的合理性提出了极大的质疑。这部近 700 页的严肃学术著作，被媒体称为是向马克思《资本论》致敬的一部重要著作。

（二）马克思的思想在东方落地生根

马克思的思想在西方萌芽生长，开创了以马克思命名的学说，但他的理论如今在东方得到发展和展示。2015 年 10 月 10 日至 11 日，首届世界马克思主义大会在北京召开，来自世界各国的 400 多位学者齐聚中国。俄罗斯科学院哲学研究所研究员舍甫琴科的观点，在国外学者中颇具代表性。她认为，汲取中国特色社会主义和中国马克思主义的理论成果，更有利于推动世界文明发展。

单纯就理论层面而言，马克思的理论改变世界主要体现在其形成了科学社会主义。在《共产党宣言》问世以前，不少仁人志士已经意识到资本主义制度的弊端，但他们只是从表层去揭露资本主义制度的剥削性，却从未深入到资本主义制度深层本质。因此，在这种背景下描绘的社会主义制度充其量是空想的，经不起现实的检验。但这种空想的社会主义"不仅预示了在资本主义社会内部孕育着一种否定的因素，说明这种制度在其发展进程中必然为一种更高的社会形态所代替，而且它还为科学社会主义的产生提供了极为重要的思想材料"。正是基于此，马克思在扬弃空想社会主义理论的基础上，在新的历史条件下创立了唯物史观和剩余价值学说，揭示了人类历史发展的规律和资本主义剥削的秘密，进一步指出了无产阶级肩负的历史使命和重任，从根本上超越了空想社会主义，创立了科学社会主义。这种科学理论问世的标志便是 1848 年《共产党宣言》的发表。从此，全世界无产阶级有了属于自己的思想武器，开始从根本上指导无产阶级翻开了人类历史新篇章。

继科学社会主义理论诞生之后，无产阶级在科学社会主义理论的指导下，开始付诸具体实践，整个世界也开始发生翻天覆地的变化。19 世纪末 20 世纪初，自由资本主义发展到垄断资本主义阶段，即帝国主义阶段。垄断进一步激化资本主义的固有矛盾，使得资产阶级同无产阶级的矛盾、帝国主义同殖民地附属国人民之间的矛盾、帝国主义之间的矛盾更加尖锐。而在此时，科学社会主义的创始人马克思、恩格斯已相继去世，但两位伟人的逝世并未削弱科学社会主义的影响力和传播力。相反，整个欧洲无产阶级运动在不断积聚和组织力量，马克思主义理论也得到更加广泛的传播，其中尤为突出的就是列宁领导的俄国革命。

作为横跨东西半球的大国俄国，面对资本主义进入到帝国主义这一现状，列宁详细分析了当时社会历史的新变化，指出社会主义革命首先可以在一个或者几个国家内获得胜利。在列宁看来，帝国主义时代的无产阶级社会主义革命，将在一国或数国首先取得胜利，然后波浪式地发展为全世界的胜利。正是在这一理论的指导下，列宁结合俄国自身国情以及整个国际状况，在马克思主义理论的指导下，领导俄国人民进行十月革命，通过武装斗争推翻资产阶级临时政府，有力地印证了马克思理论的科学性。俄国革命的胜利，极大地鼓舞了殖民地半殖民地国家人民民族民主革命热情，促进了马克思主义的传播和社会主义国家运动的发展。

第二次世界大战后，社会主义在全球得到迅速发展，在欧洲、亚洲、拉丁美洲，先后有许多国家走上社会主义道路，形成一个强大的社会主义阵营。在中国，中国共产党人在马克思主义理论指导下，结合中国具体实际，通过农村包围城市、武装夺取政权实现新民主主义到社会主义的转变，实现对马克思主义理论的继承与发展。可以说，自科学社会主义形成以来，整个世界受到了马克思理论的深刻影响，人们的思想观念、价值取向等方面都受到前所未有的冲击与转变；尤其是无产阶级彻底明确了自己被剥削的根源和肩负的历史使命，清楚了自己的奋斗目标。也正因如此，全球那种过去资本主义一统天下的局面受到严重挑战，新生的社会主义开始在人类历史舞台上绽放光芒，切切实实地改变了人类历史的发展趋势。

马克思主义是人类思想史上一次伟大变革，它在哲学、政治经济学和社会科学方面的贡献无与伦比。在 1848 年《共产党宣言》发表时，全世界的工人阶级总共不到 1000 万人，共产党人也不过只有几百人，马克思主义还只是无数社会主义派别或思潮之一。而一百多年后的今天，无产阶级革命运动遍及整个世界，目前世界上有 100 多个共产党或马克思主义性质的政党；中国共产党现有 450 多万个基层党组织，8900 多万名党员；一些国家已经取得社会主义革命的伟大胜利，建立起社会主义制度；从 20 世纪 50 年代到 80 年代，亚非拉地区先后有 49 个民族独立国家选择社会主义，进行社会主义试验。

东方的古老中国和世界越走越近，马克思的声音也从中国穿透历史，向未来宣告！"德不孤，必有邻。"在苏联解体、东欧剧变后，在世界上马克思主义发展处于低潮，社会主义受到极大损害时，中国改革开放 40 年取得的伟大成就，唤起世界对马克思主义的重视和信心，树立起对社会主义制度优越性的重新认知。

（三）马克思的思想在中国长成参天大树

十月革命一声炮响，给中国送来了马克思列宁主义。在纷然杂陈的各种观点和思潮中，经过反复比较和鉴别，中国共产党人毅然选择了马克思主义。不管是"倒海翻江卷巨澜"，还是"雄关漫道真如铁"，中国共产党人矢志不移、执着追求。在领导中国革命、建设和改革的长期实践中，中国共产党将马克思主义与中国具体实际相结合，取得重大成果，创新出毛泽东思想、邓小平理论、"三个代表"重要思想、科学发展观、习近平新时代中国特色社会主义思想理论成果，为中国革命、建设和 40 年来的改革开放，提供了强大思想武器。

2018 年 4 月 13 日，一座高 4.4 米、重 2.3 吨的巨型马克思铜像远渡重洋，在德国特里尔市中心的西蒙教堂广场落成。这尊来自中国的铜像，表达了这片土地及在其之上生活的人们对马克思的景仰和致敬。

马克思在世时正值中国近代史的开端，他曾从"两极相联"规律切入，预言中国可能对世界产生巨大影响。恩格斯则判断，"过不了多少年，我们就会亲眼看到世界上最古老的帝国的垂死挣扎，看到整个亚洲新纪元的曙光"。马克思可能不会想到，让这个国家重生、给这里的人们带来曙光的，正是他的思想。

在中共一大会址纪念馆展厅，陈列着《共产党宣言》第一个中文全译本，正文首页盖有一方图章，上书"张静泉（人亚）同志秘藏山穴二十余年的书报"。当年，白色恐怖下，张静泉的父亲不得不假称"儿子在外亡故"，将文件、书报埋藏在张静泉的"墓穴"里。薄薄的一本小册子，在中国人心中埋下一颗种子，人们为十月革命的胜利欢呼，"人道的警钟响了！自由的曙光现了"！

伟大的思想属于整个人类，那是放之四海而皆准的真理。阶级斗争、无产者、共产主义，为绝大多数人谋利益、为人类解放而奋斗……从遥远西方引来的火种，让中国人找到了一种"新的世界观"，与国家求解放、人民求生存的愿望强烈共鸣，如星火燎原般席卷中国大地，让一代代人勇往奋进以赴之、断头流血以从之，推动百年中国浩荡前行。

对于中国而言，马克思的整个世界观不是教义，而是方法。马克思曾说，资产阶级在它的不到一百年的阶级统治中所创造的生产力，比过去一切世代创造的全部生产力还要多，还要大。而中国共产党人推进改革开放极大解放了生产力，让中国在 40 年里走过了资本主义国家几百年的发展历程。近百年来，正是因为找到了马克思主义，现代化的道路上有了真理的武器，求解放求发展的道路上有了信仰的支撑，古老中国走出了"覆屋之下，漏舟之中"的危局，亿万人民改变了"如笼中之鸟，牢中之囚"的命运。这是人类历史上最为壮丽的解放画卷，最好地体现了马克思主义作为人类解放事业指导思想的价值。

沿着马克思理论的道路前进，我们将愈来愈接近客观真理。今天，中国特色社会主义进入新时代，当代中国共产党人以巨大的理论勇气和实践智慧，创立了习近平新时代中国特色社会主义思想，科学回答了新时代坚持和发展什么样的中国特色社会主义、怎样坚持和发展中国特色社会主义的重大课题，实现马克思主义中国化的又一次伟大飞跃。

以托马斯·莫尔的《乌托邦》为标志，世界社会主义运动已走过五百多年。社会主义理论从空想到科学、社会主义运动从理论到实践、社会主义制度从一国到多国、社会主义革新从地区到全球，这一追寻人类理想社会的运动，最终在 21 世纪因为中国的崛起成为浩瀚洪波。习近平新时代中国特色社会主义思想，这一具有原创性、时代性的当代中国马克思主义、21 世纪马克思主义，为实现中华民族伟大复兴提供了行动指南，为开辟人类更加美好的前景指明了前进方向。它所秉持的理念、所推动的实践，不仅为中国赢得未来，更让社会主义重新伟大。

"以科学的态度对待科学，以真理的精神追求真理"，当马克思主义在世界的东方从理想变成现实，踏上民族伟大复兴新征程的中国，需要回溯思想的源头，激发跨越百年而始终强劲的信仰的力量。

时间和实践都证明，无论时代如何变迁、科学如何进步，马克思主义依然显示出科学思想的伟力，依然占据着真理和道义的制高点。习近平指出："马克思主义是在批判吸收人类全部知识的基础上产生并且随着时代、实践和科学的发展而不断丰富发展的，是人类迄今为止最先进的思想理论体系。"

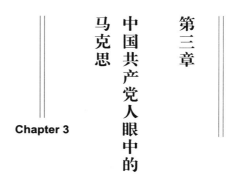

第三章

中国共产党人眼中的

马克思

Chapter 3

　　马克思主义是中国共产党立党、中华人民共和国立国的根本指导思想。1919 年，中国共产主义运动的先驱李大钊在《新青年》杂志发表《我的马克思主义观》，极大推动了马克思主义在中国的传播，为中国共产党的成立作出了重要理论准备。中国共产党成立以来，毛泽东、刘少奇、周恩来、朱德、邓小平和陈云等党和国家领导人，围绕坚持和发展马克思主义发表一系列重要论述，科学指引着马克思主义中国化的光辉实践。那么，让我们看看中国共产党人眼中的马克思，他们是怎么说的，又是怎么做的，以此激励新时代党员、干部干事创业的积极性、主动性、创造性。

一、几千年以后看马克思，就像现在看孔夫子

　　毛泽东是马克思主义中国化的首创者。毛泽东敬仰马克思、信仰马克思主义。在读过《共产党宣言》后，毛泽东就树立了对马克思主义的坚定信仰，并且从未动摇。他在对各类学说、思想、主义进行综合比较后，坚定地说：马克思的学说最管用，一是中国社会需要，二是中国革命需要，三是一旦被中国马克思主义者掌握住了，中国就发生大作用。

（一）锻造马克思主义队伍的"数字情结"

　　凡事有果必有因。1919 年，毛泽东在《民众的大联合》一文中第一次提到马克思。1936 年，毛泽东在同斯诺的谈话中说："有三本书特别深地铭刻在我的心中，建立起我对马克思主义的信仰。我一旦接受了马克思主义是对历史的正确解释以后，我对马克思主义的信仰就没有动摇过。这三本书是：《共产党宣言》，陈望道译，这是中文出版的第一本马克思主义的书；《阶级斗争》，考茨基著；《社会主义史》，柯卡普著。到了 1920 年夏天，在理论上，而且在某种程度的行动上，我已成为一个马克思主义者了，而且从此我也认为自己是一个马克思主义者了。"应该说，毛泽东的思想经过了一个变化的过程，但自从他树立起马克思主义的信仰，就再也没有动摇过。

为什么信仰马克思主义，毛泽东说得很明白："要把马克思主义当作工具看待，没有什么神秘，因为它合用，别的工具不合用。资产阶级的唯物主义不合用，只有马克思的唯物主义，就是辩证唯物主义，运用到社会问题上成为历史唯物主义，才合用。"在毛泽东看来，这么好的思想武器，不能由少数人独揽，更不能成为少数人的专享"宝贝"，而要由多数人掌握才能充分发挥作用。马克思主义学说的作用，关键是要用它锻造出一支强大的中国马克思主义者队伍。对于如何学好、用好马克思主义，毛泽东颇具"数字情结"，形象地讲述了四组数字。

五本书："加强理论学习至少要读五本书，我向大家推荐这五本书：《共产党宣言》《社会主义从空想到科学的发展》《在民主革命中社会民主党的两个策略》《共产主义运动中的"左派"幼稚病》《联共（布）党史简明教程》，这里马、恩、列、斯的都有了。如果有五千人到一万人读过了，并且有大体的了解，那就很好，很有益处。"

一百个至二百个同志："如果我们党有一百个至二百个系统地而不是零碎地、实际地而不是空洞地学会了马克思列宁主义的同志，就会大大地提高我们党的战斗力量"。意思是说，有一百个至二百个马克思主义者，就能够领导几万万人的中华民族，战胜日本帝国主义，而且是加速战胜。

一百五十万人："假如经过三个或者四个五年计划，有三分之一的人相信马克思主义世界观，又不是教条主义，不是机会主义，那就好了。"用十五至二十年时间，争取一百五十万人真心接受马克思主义就好了。

几百万人："我们要作出计划，组成这么一支强大的理论队伍，有几百万人读马克思主义的理论基础，即辩证唯物论和历史唯物论，反对各种唯心论和机械唯物论。我们现在有许多做理论工作的干部，但还没有组成理论队伍，尤其是还没有强大的理论队伍。而没有这支队伍，对我们全党的事业，对我国的社会主义工业化、社会主义改造、现代化国防、原子能的研究，是不行的，是不能解决问题的。"

四组数字，无限希望。从一二百、五千、一万、一百五十万到几百万，当今信仰马克思主义的中国共产党人早已远远超过这些数字；从战胜日本帝国主义到解放全中国，从社会主义改造到社会主义改革，从工业化发展到发展原子能，从被人称作"东亚病夫"到迎来了从站起来、富起来到强起来的伟大飞跃，毛泽东的希望早已实现。中华民族迎来了实现伟大复兴的光明前景，需要新时代马克思主义者继续为之奋斗。

（二）了解青年马克思和青年毛泽东的"相似处"

马克思和毛泽东，所处时代、成长背景和家庭出身全然不同，走过的人生道路、面临的时代课题也不一样，可他们都成了影响社会历史进程的大思想家和大革命家。如果把他们青年时代的思想探索过程放在一起考察，不难发现一些绝非偶然的相似之处。

马克思的青年时代，大体指他 28 岁，即 1846 年和恩格斯完成《德意志意识形态》之前，原因是他们在这本书中系统地阐述了历史唯物主义这一新的世界观。毛泽东的青年时代，则以 1921 年参加组建中国共产党为结束的标志，那年他也恰好 28 岁。他们在向这个目标迈进的过程中，都彰显出鲜明生动的人生追求和思想个性。

马克思和毛泽东，都是在 17 岁走出故乡求学的。少年时代的境遇差别，没有阻止他们踏上异曲同工的精神寻觅之路。从知识储备和文化旨趣上讲，他们在学校读书期间，对文史哲都有罕见的兴趣和相当深入的研究。

青年马克思曾沉湎于诗人之梦，留下诗作《人生》和《查理大帝》。上大学后，为自己设定的目标是"左右诗歌和艺术"，并围绕这一目标来安排自己的诗歌创作和学习、社交。他还打算出版一个戏剧评论杂志，亲自编订自己写的四本诗册。毛泽东就读湖南一师时，诸科之中尤重文学，宣称"文学乃百科之源"。《诗经》《楚辞》《昭明文选》及韩愈散文，都是他熟读深研之作。与同学好友之间吟咏唱和，更是常事。在罗章龙、萧三的回忆中，有不少毛泽东和他们的唱和联句。毛泽东的早期诗词作品，完整保存下来的有《五古·挽易昌陶》《七古·送纵宇一郎东行》《虞美人·枕上》三首。

从人格气质上讲，青年时代的马克思和毛泽东都拒绝平庸苟世，看重精神生活，注重培养崇高的心灵志向，彰显出自信、豪迈、明快和奔放的个性风采。马克思在高中毕业作文《青年在选择职业时的考虑》中的名言，人生的宗旨是"人类的幸福和我们自身的完美"，"只有为同时代人的完美、为他们的幸福而工作，才能使自己也过得完美"。毛泽东在读《伦理学原理》批语中的表达是，"至人之急、成人之美与履危蹈险、舍身救人"。这些美德善事，应该发自内心去做，"盖吾欲如此，方足以安吾人之心"。

无独有偶，青年时代的马克思和毛泽东有影响的政治活动，都是从办报开始的。马克思大学毕业不久便主编《莱茵报》，在该报上发表的关于出版自由、书报检查令、林木盗窃法、政教分离等一系列政论文章，引起社会广泛关注。毛泽东从湖南一师毕业时，就业志愿之一就是当新闻记者，曾参加北京大学新闻学研究会。五四运动后，他在长沙创办《湘江评论》，主编《新湖南》，所发表的《民众的大联合》等文章，得到新文化运动领导者的赞赏。

从思想转变的历程上讲，马克思和毛泽东也有明显相似的轨迹，都是在分析比较各种社会思潮后，创立和确定自己的理想信念的。马克思从23岁大学毕业到28岁开始创立新的世界观，只用了五年时间，所以恩格斯称他在思想领域"不是在走，不是在跑，而是在风驰电掣地飞奔"。青年毛泽东的探索心路，同样迅疾。他25岁走出校门，28岁参加创建中国共产党，只用三年的时间便实现了世界观的转变。马克思创立新的世界观后，仍然及时地通过分析、比较和批判各种思潮，去丰富、完善和发展他创立的马克思主义学说。毛泽东在确立起自己的信仰以后，也是通过及时地分析、比较和批判各种思潮，去实践、调整和发展中国革命和建设的理论。

（三）认识马克思一些思想的"不完善"

马克思没有结束真理，也不可能穷尽真理。丰富多彩的社会实践是无限的，而思想家的寿命是有限的；层出不穷的新事物是无限的，而思想家的思想是有限的。毛泽东说："人的思想是历史地发生与发展着的，不是一开始就完备的，也永远不能完备。"因此，毛泽东虽然崇敬马克思、坚信马克思主义，但他绝不盲崇、从不迷信任何思想教条。他形象地比喻说，几千年以后看马克思，就像现在看孔夫子。

毛泽东是如何认识马克思一些思想的"不完善"的呢？

一是受当时的历史条件所限，马克思个别结论、论断难免会有不完善之处。1959 年 2 月 14 日，毛泽东在接受智利《最后一点钟》报社社长阿图罗·马特·阿历山德里采访时说："至于马克思、列宁关于个别问题的结论做得不合适，这种情况是可能的，因为受当时条件的限制。"关于马克思主义理论中结论性的、论断式的、具体政策措施方面的缺陷和不足，是马克思主义创始人早就提出并坚决加以修正的。毛泽东主要是讲明了这些不完善的原因，在于受当时的条件限制。道理很简单，事物发展不充分、条件不成熟，所得出的结论也必然不充分、不成熟。

二是社会实践不断发展，坚持马克思主义贵在不断创新。毛泽东说："马克思活着的时候，不能将后来出现的所有的问题都看到，也就不能在那时把所有的这些问题都加以解决。俄国的问题只能由列宁解决，中国的问题只能由中国人解决。"所以，毛泽东说："世界上没有天生的圣人。到了社会主义社会，也还是没有什么'先知先觉'。为什么教科书（指苏联《政治经济学教科书》——作者注）过去没有出版，为什么出版了以后要一次又一次地修改，还不是因为过去认识不清楚，现在也还认识不完善吗？拿我们自己的经验来说，开始我们也不懂得搞社会主义，以后在实践中逐步有了认识。认识了一些，也不能说认识够了。如果认识够了，那就没有事做了。"

三是理论是灰色的，实践之树常青。用过去时的东西，看现在时的大千世界，总会"苍白无力"；以鲜活的社会实践看过去时的、灰色的思想理论，总会"漏洞百出"。毛泽东说："我们的头脑、思想反映客观实际，无论什么时候谁都不可能一下子就反映得完全正确，无遗无误。客观实际是错综复杂的，不断发展变化的。我们的头脑、思想对客观实际的反映，是一个由不完全到更完全、不很明确到更明确、不深入到更深入的发展变化过程，同时还要随客观实际的发展变化而发展变化。"

马克思的思想之中有不完善之处，就需要完善，完善就必须发展，发展就是创新，创新就是不断给马克思主义注入新鲜血液，新鲜血液才是马克思主义永葆青春活力的根本！

二、爬行的马克思主义者，看得不远

刘少奇的马克思主义观，是对它在中国革命建设中，在继承以往科学的马克思主义观基础上，适应时代需要并经过努力而产生和发展起来的，具有重要的理论价值和实践意义。

（一）莫作"爬行的马克思主义者"

1948 年 7 月，中共中央决定创办马列学院，由刘少奇担任院长。在担任马列学院院长期间，他强调要比较系统地学习马克思主义理论。同年 12 月 14 日，刘少奇在《对马列学院第一班学员的讲话》中提出，办马列学院的目的是要使一些负责干部有时间、有机会到马列学院学习马列主义理论，提高他们的理论修养。

针对有的学员一入学就提出我们要学习与实际工作最有关的东西，好像马列主义基本理论与实际工作就是无关似的。刘少奇明确指出："我们的干部几年来做了很多工作，对日本帝国主义斗争，对地主阶级斗争，艰苦奋斗，这很好。但缺点是理论修养不够，许多同志最重要的缺点就在这里。"马列主义理论不仅同实际工作是最有关的东西，也是我们许多同志最缺少的。如果我们各方面比较负责的干部，不具有马列主义理论修养，那就很可能犯经验主义的错误，成为"爬行的马克思主义者，看得不远，迷失方向。所以我们必须学习普遍真理，把马克思主义普遍真理与中国实际结合起来"。

刘少奇认为，在对待马列主义理论问题上，既要反对"跛足"的教条主义，又要反对"爬行"的经验主义。讲到革命胜利了更需要学习马克思主义理论时，刘少奇说："现在中国革命胜利了，不读书，可不成。以前在山头上，事情还简单，下了山，进了城，问题复杂了，我们要管理全国，事情更艰难了。""很多人担心，我们未得天下时艰苦奋斗，得天下后可能同国民党一样腐化。他们这种担心有点理由。在中国这个落后的农业国家，一个村长，一个县委书记，可以称王称霸。胜利后，一定会有些人腐化，官僚化。""因此，不是说胜利了，马克思的书就不要读了，恰恰相反，特别是革命胜利了，更要多读理论书籍，熟悉理论，否则由于环境的复杂，危险更大。"

刘少奇还批驳只学中国的，不学外国的、轻视学习外国经验的思想。他说："有的人认为，何必学这些外国东西，中国的书还读不完，毛主席的书还读不完呢，或者至少先读中国的书，再读外国的书吧！这个说法是不对的。"他强调："学不学外国革命经验的问题，就是学不学马恩列斯理论的问题。"过去有些人认为凡是外国的东西都是好的，只重视学习外国的经验，言必称希腊，那是教条主义，固然不好，但是延安整风之后又产生只学中国的，不学外国的，这同样是不对的。因为"任何一个重要革命问题的解决，光有根据具体情况的具体分析还不行，还必须参照各国的革命经验、历史经验"。

（二）莫当"马克思主义教条者"

刘少奇认为，马克思主义是科学而非教条。对于马克思主义的认识和理解，首先要明确马克思主义的本质属性。他主要从两个问题出发着手理解马克思主义：一是马克思主义是不是科学，无论是在革命战争年代还是社会主义和平建设时期，都存在大量否定马克思主义科学性的言论和思潮，但刘少奇始终坚持马克思主义的科学性，并指出："马克思列宁主义是无产阶级的革命的科学，是工人阶级建设社会主义和共产主义的科学。"二是马克思主义到底是教义还是方法。刘少奇批判将马克思主义教条化的倾向，强调马克思主义是分析和处理问题的科学方法。针对中国的教条主义者，他更是鲜明地指出："马克思没有讲过，列宁也没有讲过，他自己就不知道怎样分析、处理，这就是不懂得用马列主义的立场、观点和方法处理问题。""我们学习马列主义，要学习它的立场、观点、方法，不要把马列主义变成教条。"

刘少奇也认为，马克思主义是革命性、阶级性和实践性的统一。他将马列主义归结为革命性的理论，其形成于国际工人运动的革命实践而又服务于革命的现实实践，因而学习马列主义的重要任务就在于从革命实践出发研究各阶级的去向问题。阶级性，是马克思主义鲜明的特征。刘少奇指出："没有坚定纯洁的无产阶级的立场和理想，是不能彻底了解和真正掌握马克思列宁主义这门科学的。如果他不是真正的革命者，不是无产阶级的彻底的革命者，不是要在全世界实现社会主义和共产主义，解放全人类，他不想革命，或者不想坚持革命到底，而想半途而废，马克思列宁主义这门科学，对他也是没有用处的，或者是用处不大的。"

刘少奇还认为，马克思主义的价值就在于它作为科学的世界观和方法论，是我们认识世界和改造世界的有力武器。他指出："马克思列宁主义的理论，是我们观察一切现象、处理一切问题的武器，特别是观察一切社会现象、处理一切社会问题的武器。"马克思主义，是中国共产党建党的理论基础。刘少奇认为共产党是以马克思列宁主义为指导建立起来的，只有在马列主义科学的理论指导下才能取得革命实践的成功。

三、科学理论也要中国化、大众化

早在年青时，青年周恩来就潜心研读马克思的著作，确立起对马克思主义的坚定信仰。他在诸多方面成功运用马克思主义普遍真理解决中国的实际问题，对于马克思主义中国化作出了杰出贡献。

（一）把监狱变成学习革命理论的课堂

早在五四运动期间，周恩来就认识到中国的革命志士只有学习指导时代前进的先进理论，才能正确地观察和解决中国革

命的重大问题，从根本上改造中国社会。1919年底，因组织爱
国学生运动，天津警察厅镇压学生，周恩来等20余人被捕。在
监狱这一特殊环境中，周恩来团结难友，进行各种斗争，并组
织大家学习，亲自讲解马克思主义，把监狱变成学习革命理论
的课堂。

据当时的《检厅日录》记载：1920年5月14日议决"由
周恩来介绍马克思学说"。5月28日"周恩来讲马克思学说，
历史上经济组织的变迁同马克思传记"。5月31日"由周恩来
讲马克思学说，唯物史观"。6月2日"仍由周恩来讲马克思学
说，唯物史观的总论同阶级竞争史"。6月4日"仍由周恩来续
讲马克思主义——经济论中的余工余值说"。6月7日"周恩来
续讲马克思的学说——经济论中的《资本论》同'资本集中说'，
今天马氏学说已经讲完了"。因此，周恩来是马克思主义早期传
播者之一，早在那个时候就已经开始比较系统地宣传马克思的
学说。

1920年底，周恩来到欧洲后，开始系统学习马克思主义，
研读《共产党宣言》等经典著作。在旅欧期间，周恩来确立起
对马克思主义的坚定信仰，为共产主义奋斗终生的无产阶级世
界观。在欧洲学习期间，他潜心研究马克思、恩格斯的经典著
作，刻苦钻研马克思主义基本原理，领会了马克思主义理论的
核心——阶级斗争学说和无产阶级专政理论。1921年2月，周
恩来辨析了工团主义、行会社会主义、无政府主义等各派思潮，

终于认定，中国应该走社会主义的道路。1921 年春，经张申府、刘清扬介绍，周恩来加入了在巴黎的中国共产党早期组织。

通过学习和研究，周恩来认识到，马克思主义的普遍真理必须与各国革命的实践相结合这一马克思主义的基本原则。1922 年 3 月，他给天津觉悟社成员写了《西欧的赤况》长篇通讯，生动地记述了自己从革命民主主义者向马克思主义者的转变："我方到欧洲后对于一切主义开始推求比较，我求真的心又极盛，所以直到去年秋后才定妥我的目标。"同月，在另一篇通讯中他郑重声明："我认的主义一定是不变了，并且很坚决地要为它宣传奔走。"为了"共产花开"，"赤色的旗儿飞扬"，宁愿牺牲一切。这一郑重声明，成了周恩来实现思想伟大飞跃、转变为坚定共产主义者的公开宣言书。

（二）使马列主义的种子在中国土壤上扎根生长

周恩来学成回国后，长期在中共中央负责处理大量日常具体的事务性工作，他对于马克思主义中国化的贡献更多表现在实践层面。周恩来认为，所谓中国化，是"应该从世界各国吸取一切好的东西，但必须让这些东西像种子一样在中国土壤上扎下根，生长壮大，变为中国化的东西，才能有力量"。在马克思主义中国化的问题上，周恩来称赞："毛泽东同志就是这样做的，他使马列主义的种子在中国土壤上扎根生长，变成中国化的东西，就产生了无穷的力量。"他认为，毛泽东是从人民当中生长出来的，是跟中国人民血肉相连的，是跟中国的大地、中国的社会密切相关的，是从中国近百年来和五四以来的革命运动、多少年革命历史的经验教训中产生的人民领袖。周恩来指出："过去有个时期说毛泽东思想是马列主义的中国化，就有人找毛病，但实际讲的是，毛泽东思想是马列主义的普遍真理和中国革命实践相结合，为了少说几个字，就成了'马列主义的中国化'，这一表述只要大家能懂是什么意思就行了。事实上，'马列主义的中国化'的说法说了一个时期，并未出毛病。"实践是检验真理的唯一标准。中国民主革命的胜利，证明了马克思主义中国化的正确。

列宁说，"没有革命的理论，就不会有革命的运动"，要靠革命理论、靠科学社会主义理论的指导才能使革命运动走上正确的道路。周恩来赞成这个观点，认为马克思主义是科学，是人类优秀的历史遗产。但是，马克思主义的基本原理必须和实际相结合，才能发挥指导作用。所以，"科学理论也要中国化、大众化，首先就要与实践结合，否则寸步难行"。他还强调："我们所坚持的是马克思列宁主义的普遍真理与中国革命实践（或者说社会实践）相结合的原则。把马克思列宁主义和中国革命实践结合起来，才能创造性地运用它，才能使马克思列宁主义在中国的实际中有发展。"

所以说，在整个新民主主义革命时期，周恩来紧紧抓住半殖民地半封建这个中国社会最基本的实际，为把马克思主义与中国具体实际相结合，为党的新民主主义革命理论的形成，为中国特色革命道路的开辟，为马克思主义中国化实现第一次历史性飞跃、最终赢得新民主主义革命的胜利作出了重要贡献。

（三）为推动马克思主义中国化作出重要贡献

马克思主义中国化的第一次历史性飞跃，形成的理论成果是毛泽东思想。毛泽东思想是马克思列宁主义普遍原理和中国革命实践相结合的产物，是马克思列宁主义在中国的运用和发展，是被实践证明了的关于中国革命的正确理论原则和经验总结，是中国共产党集体智慧的结晶。周恩来为这个集体智慧的结晶作出了重要贡献，在多方面推动马克思主义中国化实现第一次历史性飞跃。

对于周恩来推动马克思主义中国化实现历史性飞跃、丰富和发展毛泽东思想，只用三则权威判断就足以说明。

1998 年 2 月 23 日，江泽民在周恩来诞辰 100 周年纪念大会上发表的讲话中指出："周恩来同志善于把马克思主义的基本原理同中国革命和建设的具体实际相结合，善于发现和总结人民群众历史创造活动中的新鲜经验，善于从中华民族优秀文化遗产和世界文明中吸取智慧。他在政治、经济、军事、外交、统一战线、文化教育和党的建设等领域都有理论建树，为毛泽东思想的形成和发展作出了重要贡献。他对在中国如何建设社会主义进行了艰辛的探索，提出了许多今天仍有重要启示作用的思想理论观点。"

2008 年 2 月 29 日，胡锦涛在北京举行的纪念周恩来诞辰 110 周年座谈会上的讲话中指出："周恩来同志参与领导了革命和建设时期党的各项重大工作，为党的每一个重大胜利付出了大量心血。在长期实践中，他注重把马克思主义基本原理同我国具体实际结合起来，认真总结革命和建设正反两方面的经验，深入进行理论思考，深刻阐释党的理论和路线方针政策，在政治、经济、军事、外交、统一战线、文化教育和党的建设等领域都作出了理论建树，为毛泽东思想的形成和发展作出了重要贡献，也为后来改革开放时期我们党形成中国特色社会主义理论体系提供了重要思想材料。"

2018 年 3 月 1 日，习近平在纪念周恩来诞辰 120 周年座谈会上的讲话中指出："周恩来同志注重把马克思主义基本原理同我国具体实际相结合，善于总结党领导革命和建设正反两方面经验，善于发现和总结人民群众创造的新鲜经验，善于从中华优秀传统文化和世界文明中汲取智慧，善于进行实事求是的理论思考和深刻阐释党的路线方针政策，在政治、经济、文化、社会、军事、外交、统一战线和党的建设等领域都作出了理论建树，为毛泽东思想的形成和发展作出了重要贡献，也为改革开放新时期我们党形成中国特色社会主义理论体系提供了重要思想启迪。"

四、马克思主义的生命力在于与实践相结合

作为伟大的马克思主义者，朱德坚持马克思主义基本原理，投身于中国革命和建设，为毛泽东思想的形成和完善作出了重要贡献，为马克思主义中国化作出了重要贡献。

（一）马克思主义的认知来自兴趣培养与学习考察

朱德在早年就积极参加反对腐朽清朝政府的革命活动，探索拯救中国的道路。但是，资产阶级所领导的革命很快就失败了。当时，朱德陷入"怀疑和苦闷状态，在黑暗里摸索而找不到真正的出路"，促使他从理性上思考中国革命的道路。

朱德对马克思主义的认知循序渐进，大体包含两个阶段：一是国内的兴趣培养，二是国外的学习考察。在国内，朱德接触《新青年》《每周评论》《新潮》等传播新思潮的刊物，此中含大量有关马克思主义的文章。他还同孙炳文等一起讨论马克思主义。这引起朱德的兴趣，促其思考，但他仍"相信资本主义制度有益于中国"。逃出旧军队后，他对民主共和大失所望，而上海、北京等地的现实又进一步刺痛了他，让他提升了马克思主义在心中的地位，更倾向于以马克思主义来救中国。为此，他寻求入党。未果后，赴欧寻求真理。实地考察欧洲后，朱德彻底抛弃了民主共和观念，完全接受了马克思主义。

十月革命一声炮响，帮助朱德用"无产阶级的宇宙观作为

观察国家命运的工具，重新思考自己的问题"。之后，历经周折，朱德加入中国共产党，更加系统地接受马克思主义。尤其是结合中国共产党成立后中国革命的经验教训，在延安整风过程中，朱德明确提出，我们党在历史上几次严重的错误，说明不学习理论是很危险的。错误的东西过去能统治得那么久，是因为大多数同志学习马列主义不够，分不清真假马列主义。同时，中国又非常需要马列主义，因此，当错误路线打着马列主义旗号时，大家就相信了。所以，他提出今后必须很好地学习马列主义，使那些冒充马列主义、假招牌的马列主义非收起来不可，没有办法作怪。"如果我们不注意或没有理论学习，那么行动就会变成盲目的。""理论是我们行动的指南，如果不掌握理论就会迷失方向。""不学习理论是很危险的。"重视学习，尤其是学习马克思主义理论，是朱德的重要爱好。"马克思主义者是学一辈子也不会够的，做到老就得学到老。"1966 年，已是全国人大常委会委员长的朱德还向自己的同事推荐读马恩列斯的 30 本书。"我现在没有别的事情时就天天读书，今书也读，古书也读。今书就是毛主席的书，古书就是马、恩、列、斯的书。我感到很有兴趣，也劝大家读一读。"

（二）马克思主义的价值在于推进中国革命发展

推进马克思主义中国化，需要把马克思主义基本原理同中国具体实际相结合，不断取得中国革命与建设的胜利，这是朱德的一贯主张。

在新民主主义革命时期，朱德就提出把马克思主义学习与中国革命相结合的思想。1933年，朱德借用"离开理论的实践，是盲目的实践；离开实践的理论，是空洞的理论"，强调"要使实践和理论融合起来"。为了实现理论与实践相结合，朱德从三个方面进行了推进。

一是把是否从实际出发，做到理论与实际相结合，作为创造性的马克思主义与主观主义的根本区别。朱德认为，主观主义的基本特征是"不切实际，按心里想的去办"；与此相反，创造性的马克思主义是"从实际出发，解决中国问题"。

二是大力批判教条主义。朱德对教条主义者进行"画像"，指出教条主义的基本特征是：处处卖弄教条，搬用走不通的最高原则，开口闭口社会主义原理原则，结果是一害自己，二害别人，三害革命。不顾实际不能正确地解决问题。

三是提出推进马克思主义基本原理同中国具体实际相结合的基本途径。朱德坚决认为，马克思主义的生命力在于与实践相结合，在中国，马克思主义的价值与意义在于推进中国革命发展。因此，学习马列主义，第一个要求是能正确地认识客观事实，认识世界；第二个要求是理论与实践的一致，把理论运用到实际中来改造实际，从改造实际中更加丰富、发展理论的内容。因此，马克思主义不是教条，不是"本本"，不能仅仅从书本上学习，而要从实际中学习。分析中国国情，奠定马克思主义中国化的前提。

朱德的一生是革命的一生，是与马克思主义中国化紧密相连的一生。在寻找救国救民道路的实践中，他不断推进马克思主义中国化，其探索马克思主义中国化的历程，蕴含着马克思主义中国化的一般规律，积累了丰富的推进马克思主义中国化的成功经验。

在推进马克思主义中国化的过程中，朱德始终坚持研究国情，从中国实际出发的基本思想。面对中国的革命和建设的实践，他既放眼世界，立足长远，又善于面对现实、分析现实。面对中国革命和建设的纷繁复杂问题，他坚持两个基本的角度对中国国情进行分析：从革命和建设的发展历史出发，获得了观察和处理问题的历史深度；从中国与世界的相互关系出发，获得观察和处理问题的视野的广度。在投身革命与社会主义建设的过程中，朱德不仅敢于实事求是，而且把实事求是作为自己毕生的追求，提升了实事求是的思想境界。

五、世界上赞成马克思主义的人会多起来的

作为伟大的马克思主义者，邓小平对马克思、马克思主义、马克思主义中国化有独到的认识和思考。

（一）《共产党宣言》和《共产主义 ABC》是入门老师

在法国勤工俭学期间，邓小平开始读马克思的书，逐渐接受马克思主义。1922 年 6 月，旅欧中国少年共产党成立不久，

创办了机关刊物《少年》。邓小平不仅负责刻蜡版和油印，而且以"希贤"为化名发表一些文章，积极宣传马克思主义革命道理。邓小平回忆说："在先进同学的影响和帮助下，在法国工人运动的影响下，我的思想开始变化，开始接触一些马克思主义的书籍，参加一些中国人的和法国人的宣传共产主义的集会，有了参加革命组织的要求和愿望，终于在 1922 年夏季被吸收为中国社会主义青年团的成员。……加入中国少共旅欧支部后，我从未受过其他思想的浸入，一直就是相当共产主义的。"

1926 年初，邓小平到莫斯科后说："我来俄的志愿，尤其是要来受铁的纪律的训练，共产主义的洗礼，把我的思想行动都成为一贯的共产主义化。我来莫的时候，便已打定主意，更坚决地把我的身子交给我们的党，交给本阶级。从此以后，我愿意绝对地受党的训练，听党的指挥，始终为无产阶级的利益而争斗。"

1989 年 9 月 4 日，邓小平在致中央政治局的辞职信中说，作为一个为共产主义事业和国家的独立、统一、建设、改革事业奋斗了几十年的老党员和老公民，我的生命是属于党、属于国家的。

坚信马克思主义一生的邓小平，1992 年在南方谈话中说："我的入门老师是《共产党宣言》和《共产主义 ABC》，马克思主义是打不倒的，因为马克思主义的真理是颠扑不破的。"

（二）其实马克思主义并不玄奥

邓小平说，我们讲了一辈子马克思主义，其实马克思主义并不玄奥。马克思主义是很朴实的东西，很朴实的道理。我读的书并不多，就是一条，相信毛主席讲的实事求是。

1978 年 6 月，邓小平在全军政治工作会议上专门论述了什么是实事求是的问题。他说："马列主义、毛泽东思想的基本原则，我们任何时候都不能违背，这是毫无疑义的。但是，一定要和实际相结合，要分析研究实际情况，解决实际问题。按照实际情况决定工作方针，这是一切共产党员所必须牢牢记住的最基本的思想方法、工作方法。实事求是，是毛泽东思想的出发点、根本点。这是唯物主义。不然，我们开会就只能讲空话，不能解决任何问题。"那么，怎样实事求是呢？邓小平简要地说："做老实人，说老实话，办老实事，这是一个共产党员的起码标准。"他坚决反对："有一种风气，不采取老实态度，就是吹。这不行。要讲老实。吹只能骗自己。"他讽刺地说："这些年把一些人养成懒汉，写文章是前边摘语录，后边写口号，中间说点事。"那么，邓小平大力倡导实事求是才能大有希望的道理何在？他说："同志们请想一想，实事求是，一切从实际出发，理论和实践相结合，这是不是毛泽东思想的根本观点呢？这种根本观点有没有过时，会不会过时呢？如果反对实事求是，反对从实际出发，反对理论和实践相结合，那还说得上什么马克思列宁主义、毛泽东思想呢？那会把我们引导到什么地方去呢？

很明显，那只能引导到唯心主义和形而上学，只能引导到工作的损失和革命的失败。"

实事求是，大有希望的关键是一切从实际出发，走自己的路。众所周知，邓小平在1982年党的十二大开幕词中郑重宣布：把马克思主义的普遍真理同我国的具体实际结合起来，走自己的道路，建设有中国特色的社会主义，这就是我们总结长期历史经验得出的基本结论。

（三）因为马克思主义是科学

沧海横流，方显英雄本色。上世纪80年代末90年代初，国际国内风波迭起，社会主义在世界的前途命运令人担忧。在这样的关键时刻，1992年邓小平发表南方谈话，坚定地表示："世界上赞成马克思主义的人会多起来的，因为马克思主义是科学。它运用历史唯物主义揭示了人类社会发展的规律。封建社会代替奴隶社会，资本主义代替封建主义，社会主义经历一个长过程发展后必然代替资本主义。这是社会历史发展不可逆转的总趋势，但道路是曲折的。资本主义代替封建主义的几百年间，发生过多少次王朝复辟？所以，从一定意义上说，某种暂时复辟也是难以完全避免的规律性现象。一些国家出现严重曲折，社会主义好像被削弱了，但人民经受锻炼，从中吸收教训，将促使社会主义向着更加健康的方向发展。因此，不要惊慌失措，不要认为马克思主义就消失了，没用了，失败了。哪有这回事！"

　　邓小平还在南方谈话中多次强调，要坚持社会主义，坚持马克思主义。他从坚持党的基本路线说起，要坚持党的十一届三中全会以来的路线、方针、政策，关键是坚持"一个中心、两个基本点"。不坚持社会主义，不改革开放，不发展经济，不改善人民生活，只能是死路一条。基本路线要管一百年，动摇不得。只有坚持这条路线，人民才会相信你，拥护你。谁要改变党的十一届三中全会以来的路线、方针、政策，老百姓不答应，谁就会被打倒。在这短短的十几年内，我们国家发展得这么快，使人民高兴，世界瞩目，这就足以证明党的十一届三中全会以来路线、方针、政策的正确性，谁想变也变不了。说过去说过来，就是一句话，坚持这个路线、方针、政策不变。在邓小平南方谈话精神指引下，中国特色社会主义顶风破浪，取得了巨大的成就。

　　1943 年 11 月 10 日，邓小平在北方局党校整风动员会上的讲话中指出："我党自从一九三五年一月遵义会议之后，在以毛泽东为首的党中央领导之下，彻底克服了党内'左'右倾机会主义，一扫主观主义、宗派主义和党八股的气氛，把党的事业完全放在中国化的马列主义，即毛泽东思想的指导之下，直到现在已经九年的时间，不但没有犯过错误，而且一直是胜利地发展着。"这段话虽然不长，但包含着一些关于马克思主义中国化的重要思想。一是关于马克思主义中国化起始的问题；二是中国化的马克思主义就是毛泽东思想；三是有了马克思主义中国化，事业就会胜利发展、感觉很幸福。

邓小平始终坚信马克思主义中国化才是马克思主义在中国的必然出路，中国也只有走中国化的马克思主义道路才能不断取得伟大胜利。在以后的半个多世纪的革命生涯中，邓小平虽然没有使用过马克思主义中国化的概念，但在他的脑海里、在他的精神和思维世界里，在他的曲折革命实践道路上，却谙熟马克思主义中国化之道，纯熟马克思主义中国化之法。

六、哲学是马列主义根本中的根本

陈云一生重视学习马克思主义，也善于运用马克思主义，是党内杰出的马克思主义者。

（一）争做学习马克思主义的模范

陈云多次讲过，1937 年底他到延安担任中央组织部部长后，在同毛泽东谈话中说起自己过去犯错误，原因在于经验少。毛泽东说，你的经验并不少，犯错误的主要原因是思想方法不对头。毛泽东建议陈云今后学点哲学，前后说了三次，还派了一名哲学教员帮助他学习。此后，陈云在中央组织部成立一个学习小组，重点学习马恩列斯和毛泽东的哲学著作。学习方法是规定每周每个人看几十页书，然后集中讨论一次。这个学习小组从 1938 年到 1943 年坚持了五年，并在 1941 年延安第一届"五五学习节"（5 月 5 日是马克思诞辰日）上被评选为模范学习小组。

1969 年 10 月，陈云会同王震前往江西南昌蹲点调研前，交代身边工作人员带上《马克思恩格斯全集》《马克思恩格斯选集》《资本论》《列宁全集》《列宁选集》《斯大林全集》《毛泽东选集》《鲁迅全集》等书籍。在江西的两年零七个月里，他认真阅读了这些著作。1970 年 12 月，陈云接到女儿陈伟华来信，得知她除了工作以外还坚持读书学习，非常高兴。他在复信中要求她学习马列主义。信如下：

你要学习和看书，每天挤时间学

——陈云致女儿陈伟华

（1970 年 12 月 14 日）

南：

十二月八日信今天收到。我万分欢喜（不是十分、百分、千分而是万分），你要学习和看书了。咱家五个孩子中数你单纯幼稚。你虽然已开始工作，但还年轻，坚持下去，可以学到一些东西的，不过每天时间有限，要像你哥哥一样，每天挤时间学。

哲学是马列主义根本中的根本。这门科学是观察问题的观点（唯物论）和观察解决问题的办法（辩证法），随时随处都用得到，四卷毛选的文章，都贯彻着唯物论辩证法。

但是学习马列主义、增加革命知识，不能单靠几篇哲学著作。我今天下午收到你信后想了一下，我认为你应该这样学。

订一份《参考消息》（现在中央规定中学教职员个人都能订），这可以知道世界大势（元元连看了十年了），不知道世界革命的大事件，无法增加革命知识的。（订一份《参考消息》，每月只花五毛钱，你应该单独订一份，免得被人拿走。）

每天看报。最好看《人民日报》，如果只有《北京日报》也可以。报纸上可以看出中央的政策（一个时期的重点重复报道，即是党中央的政策）。

只有既看日报，又看《参考消息》，才能知道国内国外的大势。这是政治上进步的必要基础。

找一本《中国近代史》看看（从鸦片战争到解放），可能作者有某些观点是错误的，但可以看看近一百三十年的历史，没有历史知识就连毛选也看不懂。这种书家内客厅书柜中可能有。不要去看范文澜的古代史，这对你目前没有必要。

找一本世界革命史看看，可能这本书很难找，我也没有见过这样一本书。如果找不到这本书，那就看：（一）《马克思传》（很难看懂，因有许多人名、事件你都不知道的），但可看一个概略。这本书现在我处，北京可能买到。曹津生有这本书（我要阿伟看，她看不懂放下未看）。（二）《恩格斯传》这本书也在我处，北京可能买到，这本书容易看些。元元在十年前进北京医院割扁桃腺时就看了《马克思传》。（三）《列宁传》，这有两厚册，非卖品，我也带来江西，以后回京时你再看。

马克思、恩格斯、列宁的著作很多，但我看来，只要十本到十五本就可以了。（一）《共产党宣言》是必须看的。（二）《社会主义从空想到科学的发展》。（三）《资本论》你看不懂，先找一本《政治经济学》，其中已把《资本论》的要点记出来了（这本书客厅书柜中可能有）。《共产党宣言》（在《马恩全集》第四卷），《社会主义从空想到科学的发展》（《马恩全集》第廿一卷）。马恩列斯的全集，我去年离京时要津生为我买了一套共182元，可能全在阿伟房内或你楼上房内。

我上面说的书再加上每天《参考消息》和《北京日报》或《人民日报》，是够你看的了。

其他等我回北京时再谈。看来人大不是四月开就是七月开，我明年六月底一定回北京。

现在每星期下厂三四次，搞四好总评，但再去几次后，就不能下厂了，只能在家里（有暖气，已烧了）看书了。

我身体很好。其他人也很好。勿念。

爸爸

70.12.14 日写

明日进城拉水时投邮

1972年，陈云回到北京，一度赋闲，又给自己定了一个学习马列和毛泽东哲学著作的计划，并邀请夫人和在京的子女、亲戚一起学，就连两个女婿也被吸收进了这个"家庭学习小组"，方法仍然是每人先按照约定的篇目分头自学，然后利用每个星期天早上6点到9点半的时间集中讨论。

（二）争当活学活用马克思主义的标杆

作为党的第一代中央领导集体和党的第二代中央领导集体的重要成员，陈云坚持贯彻党的实事求是的思想路线，重视理论联系实际。他说："学习理论一定要联系实际。"他在长期的革命、建设和改革的实践中，完整提出了"不唯上，不唯书，只唯实，交换、比较、反复"的十五字诀。可以说，他是活学活用马克思主义的标杆。

十五字诀最早在延安革命时期产生。1990年，陈云在与浙江省党政军负责同志谈话时作了较全面的论述。他说，不唯上，并不是上面的话不要听。不唯书，也不是说文件、书不要读。只唯实，就是只有从实际出发，实事求是地研究处理问题，这是最靠得住的。交换，就是互相交换意见。比方说看这个茶杯，你看这边有把没有花，他看那边有花没有把，两个各看到一面，都是片面的，如果互相交换一下意见，那么，对茶杯这个事物我们就会得到一个全面的符合实际的了解。过去我们犯过不少错误，究其原因，最重要的一点，就是看问题有片面性，把片面的实际当成了全面的实际。作为一个领导干部，经常注意同别人交换意见，尤其是多倾听反面的意见，只有好处，没有坏处。比较，就是上下、左右进行比较。抗日战争时期，毛主席《论持久战》就是采用这种方法。他把敌我之间互相矛盾着的强弱、大小、进步退步、多助寡助等几个基本特点，作了比较研究，批驳了"抗战必亡"的亡国论和台儿庄一战胜利后滋长起来的速胜论。毛主席说，亡国论和速胜论看问题的方法都是主观的和片面的，抗日战争只能是持久战。历史的发展证明了这个结论是完全正确的。由此可见，所有正确的结论，都是经过比较的。反复，就是决定问题不要太匆忙，要留一个反复考虑的时间。这也是毛主席的办法。他决定问题时，往往先放一放，比如放一个礼拜、两个礼拜，再反复考虑一下，听一听不同的意见。如果没有不同的意见，也要假设一个对立面。吸收正确的，驳倒错误的，使自己的意见更加完整。因为人们对事物的认识，往往不是一次就能完成的。这里所说的反复，不是反复无常、朝令夕改的意思。陈云说：这 15 个字，前 9 个字是唯物论，后 6 个字是辩证法，总起来就是唯物辩证法。

陈云还指出，搞调查研究有两种方法：一种是亲自率工作组或派工作组下乡、下厂，这当然是十分必要的；另一种是每个高中级领导干部都有敢讲真话的知心朋友和身边工作人员，通过他们可以经常听到基层干部、群众的呼声，后一种调查研究，有"真、快、广"的特点。所谓真，就是他们敢于反映真实情况，敢讲心里话。因为他们信得过你，知道你不会整他们。我就有这样一些朋友。所谓快，就是当问题处于萌芽状态时，就能够及时发现。所谓广，就是全国各省市各行各业，都有许多高中级干部（包括离休、退休的）。在某种意义上讲，后一种调查研究比前一种调查研究更重要一些。两种调查研究都有必要，缺一不可。

陈云是这样说，也是这样做的，从而使他在漫长的人生中很少犯大的错误；相反，在中国革命和建设的不同阶段，都作出了巨大的贡献。

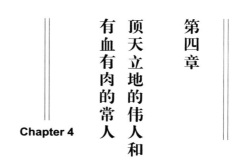

第四章

顶天立地的伟人和
有血有肉的常人

Chapter 4

马克思主义的产生不是偶然的，它是时代的必然。马克思主义以马克思的名字命名也不是偶然的，它是基于马克思为这一理论体系的创立所作出的突出贡献。那么，马克思是个什么样的人？为什么他能克服各种各样的困难，坚持理论创作和革命实践，最终成为"千年第一思想家"？

一、一个平凡而伟大的人

卡尔·马克思（Karl Heinrich Marx），出生于普鲁士王国莱茵省特里尔市。父亲亨利希·马克思是一位才能出众的律师，母亲罕莉娅·普勒斯堡是个贤慧的妇女。

（一）"四海为家"的马克思

很多时候，我们自以为了解的马克思，其实并不是真正的马克思，很可能是一个被误读的马克思。那些所谓流行的马克思表情包和搞笑图片，是假的马克思。

一是生平。从带有封建迷信色彩的数字语言学视角看，马克思出生在一个无比"吉利"的年份：1818 年。

这一年，是大清嘉庆二十三年；按照中国天干地支纪年法，是戊寅年。所以说，马克思是属虎的。

如果还想知道更多八卦，马克思的血型是 O 型，星座是金牛座。

看看马克思跟哪些"牛人"同龄吧。

1818 年 2 月 26 日，中国化学家徐寿出生；7 月 30 日，《呼啸山庄》作者、英国小说家艾米莉·勃朗特出生；11 月和 12 月，俄国现实主义作家屠格涅夫和英国物理学家焦耳又相继出生。

但所有这些历史人物都不及这一年 5 月 5 日来得光辉绚丽，因为在这一天，卡尔·马克思出生了。

历史在不经意间埋下伏笔，在整整 101 年后的 1919 年，马克思诞辰日的前一天，发生了改变中国历史进程的五四运动。

二是籍贯。如果马克思要填学籍表格的话，他的籍贯该怎么填？

大中小学的历史和政治课本都清一色地告诉我们，马克思的故乡是德意志联邦普鲁士王国的莱茵省小镇特里尔。

正确的填法似乎应该是，姓名：卡尔·马克思；性别：男；国籍：德国；籍贯：莱茵特里尔。

事实果真如此吗？

真实的情况是，马克思出生的时候，还没有真正意义上的德国。要知道，普鲁士猛男、"铁血宰相"俾斯麦统一德意志帝国是在 1871 年。那年，马克思已经 53 岁。他那时人在英国，是伦敦受诽谤最多、受威胁最大的人，是公开支持巴黎公社运动的国际工人运动的"大 boss"。

那么，马克思是普鲁士人？籍贯要填普鲁士？这样也不妥。原因很简单，如今普鲁士这个国家早已不存在；第二次世界大战结束后，甚至连德国的普鲁士省也被取消了。

考证马克思出生的家乡特里尔，公元 293 年成为罗马帝国的西部首都，但在随后的 1500 年里逐渐衰败，直到 1794 年拿破仑的军队开到这里，才开始轰轰烈烈的共和革命。1797 年，特里尔作为莱茵联邦的一部分，正式并入法兰西共和国。

所以说，就像卢梭不是法国人而实际上是日内瓦人一样，马克思原本是法国人，而不是普鲁士人。

当然，不能说课本上讲的马克思籍贯是错误的，因为按照特里尔现在的归属国来说，他确实是德国人。

不过，马克思本人好像不太在乎自己的国籍，因为不久之后，他在很长一段时间内，实际上变成了一个无国籍人士。

好男儿志在四方。

马克思四海为家。

马克思 6 岁时上了一所属于市重点的特里尔实验小学，12 岁时以优异的成绩考上特里尔第一中学。1835 年中学毕业后，他考入波恩大学。马克思入学后一看，这个学校真不错，但他没有被美丽的校园环境和青年人丰富的生活所迷惑，而是开始冷静思考自己的人生。不久，他了解到柏林大学不错。于是，想了不少办法转学柏林大学。马克思在此时与后来相伴终身的爱妻——燕妮确立了恋爱关系，并很快坠入爱河。但马克思就是马克思，他在爱情面前没有麻痹，学业一直很好。他什么都学，无论是必修课还是选修课，如果是他喜欢的，即使没课，他也到图书馆自学哲学、历史、政治经济学等等。

马克思大学主修哲学。1841 年，他完成柏林大学学业，毕业论文是《德谟克利特的自然哲学和伊壁鸠鲁的自然哲学的差别》，申请并获得耶拿大学哲学博士学位。马克思毕业后去应聘，先是在莱茵报社当编辑。

马克思由于看书多，善于思考和总结，但看到了资本主义的一些问题，便发表了反资本主义言论。报社社长找马克思谈话，要么停止言论，要么走人。于是，马克思告别莱茵报社，同大他 4 岁的燕妮于 1843 年 6 月 19 日完婚。这年马克思 25 岁，燕妮 29 岁。德国政府把马克思当作不受欢迎的人，被迫无奈，马克思与燕妮一起于 1843 年 10 月踏上去往巴黎的漫漫长路，这既是结婚度假，更是寻找新的安心做学问的地方。

《莱茵报》被查封后，恩格斯到了英国，在那里发表一系列学说，后来他还是想回国搞学说。8 月底，恩格斯回家途中听说马克思在巴黎，于是绕道巴黎与其会见，实现两人在巴黎的第一次会面。由于受法国政府的责难，1845 年秋，马克思夫妇和恩格斯一起来到比利时的布鲁塞尔。1846 年初，马克思、恩格斯建立"共产主义通讯委员会"，想以此组织建立国际性的共产党，以便吸收各国先进分子。随后不久，便遭到比利时当局的迫害。马克思和妻子燕妮不得不一起回到德国，恩格斯也回国了。1847 年初，马克思、恩格斯应邀参加正义者同盟。1847 年 6 月，同盟更名为共产主义者同盟。1848 年 2 月，发表了同盟的纲领《共产党宣言》。1848 年 4 月，马克思、恩格斯商议，在德国一起创办了《新莱茵报》。

1849 年，马克思在德国的政治压力下，只好再次去他国避难，定居伦敦。到伦敦后立即重建共产主义者同盟的地方组织和中央委员会，系统全面地总结了 1848 年欧洲革命的历史经验。1864 年 9 月，国际工人协会创建，即第一国际，通过同形形色色机会主义派别的斗争，为马克思主义在国际工人运动中的领导地位奠定了基础。1867 年，《资本论》第一卷出版，在这部巨著中，马克思阐明了剩余价值论，创立了无产阶级政治经济学。

1870 年 10 月，马克思与移居伦敦的恩格斯再度相聚。1871 年 3 月 18 日巴黎公社建立，马克思高度评价这一无产阶级的革命首创精神，并给予热情的歌颂和支持，写出了《法兰西内战》一书，总结巴黎公社的历史经验。1875 年，马克思抱病写出《哥达纲领批判》，对拉萨尔机会主义给予彻底批判。由于反动政府的迫害，极端贫困的生活以及繁重的工作，马克思的身体受到严重损伤。1883 年 3 月 14 日下午，马克思因病与世长辞。后来，与夫人燕妮合葬于英国伦敦海格特公墓。

（二）"坐着的巨人"马克思

有些词被用滥了，如贵族、精英、高富帅。

假如世界上果真有这些词汇，还能用到一个人身上，那马克思算是真正意义上的贵族、精英、高富帅。

就是这样一个出身的人，最终不但走上革命的道路，而且成为革命的导师。

奇怪吗？不奇怪。

一个高尚的、纯粹的、脱离了低级趣味的伟大革命者，往往不是因为"仇富"，也不是因为自己出身高贵。

更重要的是，他看穿了财富，参透了高贵，厌倦了高高在上。

他要搞点大事情。

马克思就是这样一个人……

他待人接物完全不顾繁文缛节。马克思真诚朴实，不善于作假和伪装，在需要讲究礼节而必须掩饰情感的场合，这个十分刚强而高傲的人会像小孩子一样手足无措，这常令他的朋友们发笑，而他的妻子真的管其叫"我的大孩子"。他是有趣的谈话伙伴，有"充分涌流"的幽默和风趣。他也喜欢享受生活的乐趣，不论是一片美丽的风景还是一杯醇美的啤酒，都乐于享受——尽管他常常没有这样的条件。

他是个儿女情长的铮铮铁汉。马克思知道什么是真正的爱情，特里尔最美丽的姑娘追随他，牵手穿越人世间的风风雨雨。他也知道什么是真正的友情，他与恩格斯的无双联盟超过人类关于友谊的最动人的传说。亲情更让他陶醉，他喜欢孩子，把孩子们的"喧闹"叫作"安静"。……马克思究竟是怎样的人，他的一生是最好的写照。

他还是这样一位罕见的思想家，手稿与著作有同样的价值，而且比著作引起更大轰动。马克思以自己的思想哺育了两个半球的工人运动，而以他的名字命名的思想体系至今仍是世界上一种重要的力量。他鄙视空谈家和幻想家，在其身上，思想家和实践家融为一体。他渴望革命风暴，认为它能把庸人情绪一扫而光。他是世界无产阶级的领袖，是最早的工人阶级政党的倡导者、组织者和领导者。恩格斯说，在和平时期，事变证明有时正确的是我，而在革命时期，马克思则几乎不出错。他能迅速地抓住刚刚发生的事件的本质和趋势。他的声音铿锵有力，不愧是人们的首领，是制定准则、左右全局的人。像列宁一样，他讲话时爱用生动的手势加以强调。他发表的演说简洁而有条理，逻辑性很强。他决不浪费笔墨，一字一句都有深刻的含义。更不用提他那无情讽刺的才能了，从早年起它就令他的对手胆战心惊。

马克思，中等身材，双肩结实而宽阔，前额宽大而优美，眼睛炯炯有神。用一位监视过他的密探的话说，马克思"闪烁着超自然的魔力"。他两颊长满又密又黑的胡子，头发蓬松，犹如披着狮鬃。这种面色黝黑的印象使他有了"摩尔"这个绰号，而那些并不比他年轻多少的朋友们，也因此叫他"马克思老爹"。他的动作并不灵巧，却豪迈自恃。

像孔子一样，与身长相比，他两腿略短。这是犹太人和中国人常见的情形。名副其实的"坐着的巨人"：他不仅为了写书而经常坐着，而且在坐着的时候显得身材更高一些。他是个读书人，喜欢啃书本，自称"吃书的机器"。因而就有了"出奇的渊博"，他的大脑像生火待发的军舰，准备随时开向任何思想的海洋。但是，只要还有一本有价值的相关的书没有看，就决不动笔，这是他的"理论良心"。他习惯通宵工作，常常连续写作三十多小时，然后给朋友写信说，他已经被写作激情，甚至高度的激情所控制。他为无产者留下《资本论》，留下大量光辉的著作。他的任何一本书，都足以使他名垂史册。

二、一个珍惜友谊和重情重义的人

我们来聊聊马克思的朋友圈。

设想一下，如果马克思玩微信的话，他的朋友圈会是怎样？

他的好友，首先会是谁？

恩格斯……

除了恩格斯，还会有谁……

卢格、魏德迈、鲍威尔、海涅、李卜克内西……

当然，还有一个风华绝代的女人：燕妮。

不过，顶级的、置顶的星标好友，一定是恩格斯。

马克思和恩格斯是什么关系？

王小波说，人之大忌在推己及人。

别忘了课本是怎么描绘他们之间伟大友情的：同志般的伟大友谊……

用列宁的一句话来形容两人的友谊，那就是马克思和恩格斯之间的友谊，已然超越了古往今来所有关于友谊的传说。

如果觉得用"同志"这个词来形容马恩关系有点不妥，那用俄文的"同志"来描述吧，回到革命的起源、同志的故土，这样应该没问题了吧，而且会显得高大上一些。

"同志"一词的俄文是这样的，**товарищ**

知道大家看不懂，汉语发音："哒哇力是一"。请注意，"是一"需要连读。

假如马克思在朋友圈发一篇文章，那么第一个点赞的人，一定是恩格斯。

恩格斯堪称是马克思的铁粉。

那么，他俩是怎么认识的呢?

（一）革命友谊源于"不打不相识"

马克思、恩格斯相识于 1842 年。其时，马克思 24 岁，恩格斯 22 岁。

正是风华正茂、粪土当年万户侯的年纪。

那两人是不是一见如故、一见倾心、一见钟情?

非也、非也……

革命的旅程往往充满坎坷、挫折和迂回。

革命友谊也不例外。

如同所有武侠小说里所描绘的场景一样，两人也是"不打不相识"。

那时，马克思身无分文，标准的"月光族"一枚；而恩格斯呢，是比马克思早年有过之而无不及的富家子弟。如果马克思只能算是富有的中产阶级家庭出身的话，那么，恩格斯就是典型的富二代，其家族祖祖辈辈都是富有的大工业者，曾祖父的那个年代，就开了一个名字听起来很浪漫、名曰"花边厂"的工厂，并且获得了象征着他们家族地位的盾形徽章。到了恩格斯祖父这一辈，纺织工厂规模越做越大，父辈们都寄望恩格斯继承家业，成为一代商业传奇。

然而，恩格斯有自己的想法。

早在柏林当兵时，恩格斯就给马克思主编的《莱茵报》投过稿。有一次，22岁的小伙子恩格斯路过《莱茵报》，还进去跟24岁的小伙子马克思坐了坐，但这次两人互相都没留下啥好印象。

马克思有点瞧不上恩格斯。

因为那时，恩格斯是属于一个叫作"自由人团体"文艺青年圈子的成员，而马克思有点看不上这个团体，所以在当时马克思对恩格斯是有偏见的。

脑补一下吧，这个名曰"自由人团体"的圈子，其实就是以前的"青年黑格尔派"。好玩的是，年轻时的马克思也曾加入过，还一度成为这个团体的意见领袖。

只不过，后来马克思的思想境界提升了，逐渐从主观唯心走向辩证唯物，因而脱离了这个圈子。

那么，自马克思离开后，"自由人团体"走到什么地步呢？

几乎可以说，走向了极端愤青的地步。

我们知道，早年青年黑格尔派玩的是唯心主义学说，同时个个还都是无神论者。

讲到这里大家可能不明白了，唯心主义者不是主张有神论吗？怎么是无神论者……

非也……

唯心主义分成主观唯心主义和客观唯心主义。主观唯心主义实际上是主张无神的。诸如，心外无物、我思故我在、不是风动不是幡动而是仁者心动、形存则神存而形灭则神灭、有条件要上没有条件也要上等。

客观唯心主义才是有神论者。比如，生死由命富贵在天、人类一思考上帝就发笑之类。

好了，青年黑格尔派，也就是后来恩格斯参加的"自由人团体"组织，自由到什么地步呢，就是碰到一个神父，居然上去就把人家胖揍一顿。

打个比方，无神论者的主观唯心主义，看见有神论者的客观唯心主义，政见不同，一言不合就动手。那个恨啊，好似只有上去 K.O(击打) 一顿，才心境开阔，才能彰显自己哲学观点的无比优越性。

虽然也是错的，但错误，也要摆出一副理直气壮的正确姿态。

道不同，不相与谋。

马克思会觉得，您恩格斯现在玩的这一套，哥早就玩过，现在看透了。

所以说，马克思一开始不怎么待见恩格斯，也就不足为奇了。

那么，后来马克思、恩格斯是怎么走到一起的呢？

这就不得不提到巴黎一家非常有名的咖啡馆，叫作普罗可甫咖啡馆。这家咖啡馆的历史，要追溯到 500 年前。

自从 1686 年这家咖啡馆开张以来，17、18 世纪几乎所有的各界名流都在这里喝过咖啡。

这家咖啡馆的铁杆粉丝拉出来，足以组成绝对的全明星阵容……诸如思想家卢梭、伏尔泰，文学家雨果、巴尔扎克、海明威，甚至连军事家拿破仑都跑去"秀一把"，而且去的时候居然没带钱，还把自己的军帽押了，赊了个账喝杯咖啡。

咖啡馆的正门一侧橱窗里，摆放着这家店的"镇店之宝"——拿破仑那顶标志性的帽子。

1844 年，马克思、恩格斯正是在这家咖啡馆里相识相知的。

以前，马克思不怎么待见恩格斯，因为两人的理论水平不是在一个层次上的，所以两个人玩不到一块儿。

这次见面，才短短两年，恩格斯的理论水平突飞猛进，已经大大接近马克思。

其实，在没遇到马克思之前，恩格斯在思想萌芽上也走向了辩证唯物和共产主义，这是他们后来英雄所见略同的基础，只不过两人没有谈到一起去。

知己呀！

这次，两人一谈就是十天。

十天。想想那画面有多美吧……

这是怎样的志同道合，革命友谊如一人。

而事实上，咖啡馆事件只是一个偶然因素。

马克思主义教导我们，历史发展是必然与偶然的奇异结合。

马恩相识相知，必然因素就在于他们对历史和社会发展规律的认识趋于一致。说到底，他们在思想上基本达成共识，开始着手对过去的黑格尔唯心主义哲学和费尔巴哈人本主义哲学进行全面"清算"。一年以后，两人合作的第一部作品《神圣家族》出炉，批判了青年黑格尔派主观唯心主义，并初步论述了历史唯物主义的思想。又一年后，两人合写的《德意志意识形态》问世，它第一次系统地阐述了历史唯物主义的基本原理，如社会存在决定社会意识、生产方式在社会生活中起决定作用、生产关系必须适合生产力的发展等，标志着马克思主义哲学的成熟。

显然，马克思、恩格斯属于慢热型的。一见不合，二见倾心，再见从此难舍难分。

这就是：一次冷，终生热；道相同，所以谋；相看两不厌，唯有恩格斯。

从此，成就历史上最伟大也最拉风的 CP（组合），没有之一。之后两人的友谊，用传奇这个词就一点不为过了。

（二）革命友谊缘于"互帮加互助"

我们通过读书，了解到的大都是恩格斯怎么倾囊相助去帮马克思解决经济困难。

是不是可以这样形容，恩格斯是潜伏者，潜伏在资本主义社会腐朽企业的内部，披着万恶资本家的狼皮，通过帮父亲工厂打理生意赚取利润来资助马克思从事革命事业。

印象中，恩格斯就是马克思追求政治思想道路上的"清道夫"。马克思赊账，恩格斯付费。国产谍战片《潜伏》的德国版。

而实际上，帮助不是单方面的，两人是互帮互助。恩格斯有难，马克思同样付费。

有次恩格斯"犯了事"，急急忙忙跑到瑞士去流亡，走的时候太急，盘缠都没带，连吃饭的钱都没有了。马克思知晓后，把家里的钱财归拢归拢，一毛不剩给恩格斯寄了去。

毫不吝惜，专门利"恩"。真正的君子之交！

当然，除了生活，马克思、恩格斯之间互帮互助、相互扶持更重要的是在事业上。

在个人特质上，马克思如同一名张扬洒脱的"文科男"，恩格斯好比一个低调内敛的"理科男"。马克思文思如泉涌，恩格斯严谨而克制。

如同鲍叔牙之于管仲、周恩来之于毛泽东，恩格斯说："我永远都是第二大提琴手。"

马克思去世时，《资本论》只出版了第一卷，剩下的都是些潦草的笔记和手稿。马克思的笔迹堪比草书，除了燕妮和恩格斯，没人读得懂。

这时候，恩格斯的余生十数年如一日，做出了一件惊人的事情。

在比马克思多活的 12 年中，恩格斯在晚年用 12 年中的 11 年主要干了一件事，那就是帮助马克思整理《资本论》后两卷书稿。

那时的恩格斯，已年过六旬。他放弃自己的写作，选择帮助马克思整理著作。而且在著作的署名上，他没有留下自己的名字，署上的都是马克思的名字。

有人问他为什么这么做？

恩格斯回答说，我乐意！后面这句话感人至极——恩格斯说，通过整理马克思的著作，我终于又可以跟我的老朋友在一起了。

列宁一语中的地评价道："恩格斯为他天才的朋友树立了一座丰碑，但是无意之间又把自己的名字刻在了丰碑之上。"

所以说，马克思、恩格斯这两个伟人的感情真的不是一般意义上的友谊可以比拟的。

人生得一知己，死亦何惧。

习近平在纪念马克思诞辰 200 周年讲话中指出，马克思是顶天立地的伟人，也是有血有肉的常人。他热爱生活，真诚朴实，重情重义。马克思、恩格斯的革命友谊长达 40 年。正如列宁所说，"古老传说中有各种非常动人的友谊故事"，但马克思、恩格斯的友谊"超过了古人关于人类友谊的一切最动人的传说"。马克思无私资助革命事业，即使在自己生活极度困难的情况下仍然尽最大努力帮助革命战友。

马克思、恩格斯这两位革命巨人之间的友谊，是世界上的任何友谊都无法比的。马克思对恩格斯的才能十分敬佩，说自己总是踏着恩格斯的脚印走。而恩格斯总是认为马克思的才能要超过自己，在他们的共同事业中，马克思是第一提琴手而自己是第二提琴手。

恩格斯对马克思一家的困难处境是十分关心的。为了从经济上帮助马克思，使他能有足够的时间和精力撰写理论著作，1850 年恩格斯毅然决定重返曼彻斯特，在欧门——恩格斯公司当店员，从事他十分厌恶的经商工作。从这时候起，恩格斯就常常寄钱给马克思。他还常常帮助马克思为《纽约每日论坛报》撰写、修改英文稿件，有时帮助马克思把他用德文写的稿件译成英文。当马克思忙着写《资本论》的时候，恩格斯甚至替马克思为报纸写文章。《德国的革命和反革命》这一组文章，就是这样写出来的。因为署的是马克思的名字，所以直到 1913 年，马克思、恩格斯的通信发表出来的时候，人们才知道文章的真正作者是恩格斯。恩格斯还常常替马克思还债，给马克思的孩子们买礼物和食品。马克思对此深为感动，曾在给恩格斯的信中这样写道："我的良心经常像被梦魇压着一样感到沉重，因为你主要是为了我才把你的卓越才能浪费在经商上面，使之荒废，而且还要分担我的一切琐碎的苦恼。"

马克思既关心、指导工人运动，又加紧其巨著《资本论》的写作。恩格斯常把有关资料寄给马克思，并不断提出自己的意见和建议。1867 年 4 月初，当恩格斯得悉《资本论》第一卷写成的消息后，马上写信说："好啊！我终于看到白纸黑字，知道第一卷已经脱稿了！就禁不住发出了这样的欢呼声。"马克思把《资本论》第一卷的手稿交给出版商以后，曾到曼彻斯特恩格斯家中做客。两个人对下一步工作交换了意见，并且商定要在书的附录中做一点补充。恩格斯自然而然地成了这部巨著的第二个校阅者。1867 年，《资本论》第一卷出版了。它阐述了剩余价值学说，揭示了近代社会的经济法则，是无产阶级革命运动的强有力的武器。

三、一个具有崇高革命理想的人

伟大也要有人懂。

马克思并不是脱离尘世的人，他也有过青春。

青年马克思也曾跟大多数人的青春一样意气风发，也曾深刻地考虑过自己的未来。

他考虑过自己的就业问题。

（一）与众不同的择业观

1835 年，17 岁的马克思高中毕业，那年他写了一篇题为《青年在选择职业时的考虑》的毕业作文。

令人由衷竖起大拇指的是，青年马克思竟然在文中深刻阐述了今天看来只有中年、中老年抑或老年人才会去思考的哲理性关键词：高尚、劳动、安静、尊严、幸福……

上学总有一天会毕业，总有一天面临择业。大家都要考虑自己的前途，有的希望成为艺术家、科学家或作家，献身文艺和学术事业；也有的打算当医生或教师，梦想成为人类灵魂的工程师；还有的羡慕资产者的豪华生活，把舒适享乐作为自己的理想。人各有志，无可厚非，毕竟条条大路通罗马……

马克思的想法与众不同，他没有考虑选择哪种具体职业，而是把择业问题上升至对世界的认识、对社会的认知，以及对人生的态度上加以考虑和回答。

在这篇作文中，马克思写道：

"自然本身给动物规定了它应该遵循的活动范围，动物也就安分地在这个范围内活动，而不试图越出这个范围，甚至不考虑有其他范围存在。神也给人指定了共同的目标——使人类和他自己趋于高尚，但是，神要人自己去寻找可以达到这个目标的手段；神让人在社会上选择一个最适合于他、最能使他和社会变得高尚的地位。"

马克思认为，选择职业是一个关乎个人生活目的和生活道路的重大问题。所以不应该被一时的兴趣、渺小的激情、个人的虚荣心所左右，而必须采取严肃的态度。

通过马克思的作文我们可以看到，如果仅从利己主义原则出发，只考虑如何满足个人欲望，诚然也有可能成为出色的诗人、聪明的学者、显赫一时的哲学家，或者按照今天的标准成为有名的医生、有权的管理者和有钱的企业家；但是，他绝不能成为伟大的人物，也不能得到真正的幸福。因为，他的事业是渺小的，他的幸福是自私的。

在这篇意在立志的作文末段，志比天高的马克思慷慨激昂地写道：

"如果我们选择了最能为人类而工作的职业，那么，重担就不能把我们压倒，因为这是为大家作出的牺牲；那时我们所享受的就不是可怜的、有限的、自私的乐趣，我们的幸福将属于千百万人，我们的事业将悄然无声地存在下去，但是他会永远发生作用，而面对我们的骨灰，高尚的人们将洒下热泪。"

让人难以想象：一个从小没有长在红旗下、也没有接受过红色教育的特里尔高中毕业生，只有 17 岁的马克思竟能立下这样一番志向。

（二）矢志不渝的实践者

要想了解马克思，进而读懂马克思，最好的办法是从马克思的年少时光、与自己年龄相仿的作品入手，去了解他跟我们差不多大时的所思所想、所言所行。

而这篇高中毕业文章的写作时间，甚至比我们大多数人的年龄还要小。

读一篇文章，能够有一句话，在某一瞬间，触动人的内心最深处、最柔软的地方，足矣。

这句话，可以当作我们的 QQ 签名，或者微信签名。

"面对我们的骨灰，高尚的人们将洒下热泪。"

大多数凡人想到的不过是今生今世、眼前苟且，而少年马克思的笔下，分分钟想到的都是生生世世、诗和远方。

为人类服务，这是马克思少年时代就已确立的崇高理想。从口到手只有几尺，从说到做却有万丈，喊破嗓子不如甩开膀子。更重要的是，在以后漫长的人生岁月中，马克思都矢志不渝地忠实于少年时代的誓言。

纵使海枯石烂，天荒地老。

纵使沧海桑田，物是人非。

他都一往无前，始终不曾改变。

作为世界著名政治家、哲学家、经济学家、革命理论家、马克思主义的主要创始人，第一国际的组织者和领导者，全世界无产阶级和劳动人民的伟大导师，马克思撰写了大量的理论著作，尤其以《共产党宣言》《资本论》等为代表。马克思对历史唯物主义和剩余价值学说的两大发现，使社会主义从空想变成科学。他不仅有执着的革命信念，而且年青时就立下为人类解放事业奋斗终身的宏图大志。他不仅有崇高的理想和追求，而且有坚毅的品格。

马克思立下远大的理想时，虽然没有确立科学的世界观，但他能冲破利己主义的传统，选择为人类服务的人生道路，确实难能可贵。马克思生长在一个比较开明的家庭，从小受到法国启蒙思想的教育。在马克思看来，重视人生价值的青年心目中都要有一个价值目标和价值追求的信念。他反对为名利和面子选择职业，并指出："我们应当认真考虑：我们对所选择的职业是不是真的怀有热情？发自我们内心的声音是不是同意选择这种职业？我们的热情是不是一种迷误？我们认为是神的召唤的东西是不是一种自我欺骗？不过，如果不对热情的来源本身加以探究，我们又怎么能认清这一切呢？……我们的使命决不是求得一个最足以炫耀的职业，因为它不是那种可能由我们长期从事，但始终不会使我们感到厌倦、始终不会使我们劲头低落、始终不会使我们的热情冷却的职业，相反，我们很快就会觉得，我们的愿望没有得到满足，我们的理想没有实现，我们就将怨天尤人。"

那么，到底应该怎样选择职业理想呢？马克思为我们指明了方向。他指出："如果我们经过冷静的考察，认清了所选择的职业的全部分量，了解它的困难以后，仍然对它充满热情，仍然爱它，觉得自己适合于它，那时我们就可以选择它，那时我们既不会受热情的欺骗，也不会仓促从事。"不过，在马克思看来，人们选择职业理想也必然受到很多外在条件的限制，特别是社会关系的限制。他指出："我们并不总是能够选择我们自认为适合的职业；我们在社会上的关系，还在我们有能力决定它们以前就已经在某种程度上开始确立了。"因此，我们在选择职业时候，又必然要考虑很多方面的影响因素。马克思指出："如果我们把这一切都考虑过了，如果我们的生活条件容许我们选择任何一种职业，那么我们就可以选择一种使我们获得最高尊严的职业，一种建立在我们深信其正确的思想上的职业，一种能给我们提供最广阔的场所来为人类工作，并使我们自己不断接近共同目标即臻于完美境界的职业，而对于这个共同目标来说，任何职业都只不过是一种手段。"他还强调："尊严是最能使人高尚、使他的活动和他的一切努力具有更加崇高品质的东西，是使他无可非议、受到众人钦佩并高出于众人之上的东西。"基于这些因素和要求，马克思认为："在选择职业时，我们应该遵循的主要指针是人类的幸福和我们自身的完美。"在他看来，"每个人眼前都有一个目标，这个目标至少在他本人看来是伟大的，而且如果最深刻的信念，即内心深处的声音，认为这个目标是伟大的，那它实际上也是伟大的"，人的共同目标是"使人类和他自己趋于高尚"、臻于完美境界。

马克思还阐述了奉行利他主义和实现个人价值相统一的价值观。他指出，青年在选择职业时，要充分考虑实现人类的幸福和青年自身的完美这两方面的问题。人类的幸福和青年自身的完美，这两种利益不是彼此敌对、互相冲突的，也不是一种利益必然要消灭另一种利益。相反，"人只有为同时代人的完美、为他们的幸福而工作，自己才能达到完美。如果一个人只为自己劳动，他也许能够成为著名的学者、伟大的哲人、卓越的诗人，然而他永远不能成为完美的、真正伟大的人物"。

四、一个意志十分坚定的人

马克思无论是进行理论创作，还是进行革命实践，均历经了常人难以想象和克服的困难。他坚强的意志不仅体现在对生活和工作方面诸多困难的克服，更体现在理论立场的坚定和对反动派的不妥协。那么，马克思是如何克服家庭所面临困难的，又是如何反击德意志反动政府对《莱茵报》查封的呢？

（一）不为家庭变故和生活困难所吓倒

马克思没有按照世俗的想法走上人生巅峰，而是仿佛预谋已久地轻易抛弃了那些唾手可得的荣华富贵。

开始了40年的颠沛流离、40年的奔走逃亡、40年的艰苦斗争。

等待他的命运是一贫如洗、儿女天殇；

是昔日家产万贯的富家子沦为吃了上餐没下餐的穷人；

风华绝代的贵族小姐为了生计不得不反复典当祖母的婚戒；

马克思的孩子们缺吃少穿，加上不适应英国潮湿的气候，小亨利·吉多刚满1岁就患肺炎死去；

过了1年，小女儿弗兰契斯卡也死了；

3年以后，马克思又失去爱子埃德加尔，家人都叫他"穆希"。

1855年4月6日，马克思在信中把自己的悲伤心情告诉了恩格斯："可怜的穆希已经不在人世了，今天五六点钟的时候，他在我的怀里长眠（名副其实地长眠）不醒了。我永远不会忘记，在这个可怕的时刻，你的友谊是怎样地减轻了我们的痛苦。"

常识、经验和理性已经完全不能解释马克思的命运，更不能解释马克思仿佛是自讨苦吃的选择。

为了夜以继日地写作，马克思甚至化身为极品宅男。

他为撰写《资本论》搜集大量材料，进行深入的研究工作。

只要家里没有人生病，也没有特别紧急的事需要办理，马克思每天从早上 9 点到晚上 7 点总是坐在不列颠博物馆里固定的座位上看书。

我们不禁要发出疑问：他怎么了？

这一切的一切，一定有原因。

能解释这一切的，也许是他在博士论文中振聋发聩的发现：知识不是来自经验，也不是来自理性，因为知识，就来自凝视他人的目光，倾听他人的呼吁，并立志为他人做些什么。

（二）不为名利和地位所诱惑

在与资产阶级反动派做斗争的时候，更显示出马克思革命意志的坚定。在《莱茵报》任编辑期间，他决定以报刊为阵地，开始对旧世界的批判。马克思认为，杂志的任务就是要对现存的反动制度进行无情的批判。怎样才算无情呢？马克思特别做了解释："所谓无情，意义有二，即这种批判不怕自己所作的言论，临到触犯当权者时也不退缩。"他还说："我们的任务是要揭露旧世界，并为建立一个新世界而积极工作。"那个时候，在普鲁士反动专制制度统治下，人民是没有自由的，要想从事写作，出版报纸、杂志和书籍，都要受到书报检查制度的严格限制。为了争取出版自由，一些进步人士同反动政府进行了长期的斗争。

1840年上台的普鲁士国王弗里德里希—威廉四世，更是个很狡猾的家伙，他打着"保护"出版自由的幌子，颁布了一个新的书报检查令欺骗人民。新法令表面上似乎比过去的书报检查制度温和多了，条件放宽一些，青年黑格尔派中的有些人以为这一下"天空出了太阳"，真的有了出版自由。但是，马克思没有被法令的花言巧语所迷惑，立即写了一篇《评普鲁士最近的书报检查令》的文章来揭露它的反动实质。他一层一层地对法令进行分析论证，说明新法令逻辑上非常荒谬，内容十分反动，实际上换汤不换药，仍然限制和取消出版自由。马克思认为，要想取得出版自由，问题不在于改变或放宽书报检查制度，而在于根本废除这个制度。马克思在文章结束时写道："治疗书报检查制度的真正而根本的办法就是废除书报检查制度。"这是马克思写的第一篇政论文章，22岁的马克思就从这篇文章开始，走上政治斗争的道路。

1842年10月，马克思被聘为《莱茵报》编辑后，《莱茵报》成了当时反对专制统治最激烈的一家报纸。订阅《莱茵报》的用户迅速增加，10月份仅有800多户，11月份升至1800多户，到 12 月份升到 3400 多户。这种革命倾向使普鲁士政府怕得要命，特别是马克思的文章更令政府大为恼火。反动政府为了维护自己的统治，就下毒手迫害《莱茵报》。1843 年初，普鲁士政府借口《莱茵报》没有经营许可证，下令禁止该报继续出版。命令规定，4 月 1 日以前把它完全查封，而在查封前的这段时间里，报纸要受双重审查。不仅要受书报检察官的审查，还要受行政区长官的审查。这就是说，报纸全部编好以后，要送到警察局去，让警察头子从头到尾看一遍，如果嗅出一点不符合普鲁士精神的东西，报纸就不能出版。马克思清楚地知道，这是普鲁士反动政府害怕革命舆论而采取的一种镇压手段。政府提出查封报纸的理由是可笑的，《莱茵报》已经出版一年多，如果没有经营许可证，又怎么能够出这么长久呢！政府查封《莱茵报》的命令引起广大群众的抗议，许多人集会签名。摩泽尔河岸种葡萄的农民也纷纷请愿，他们在请愿书上说，我们不知道《莱茵报》是否散布过谣言，诽谤过当局，但是我们知道，它所写的文章都是关于我们地区和我们命运的真实情况。

可是，《莱茵报》的一些股东被政府的命令吓破胆，他们本来就是一些胆小怕事的庸人，一听政府要查封报纸，就立即召开了一次特别会议，马克思作为实际上的主编也参加了。会上，这些股东要求报纸改变调子，不要那么激烈，最好放弃反对政府的立场。他们想用这种办法来挽救报纸的命运。有个编辑在会上还埋怨说，过去《莱茵报》上的文章从来没有引起当局的不满，而从 11 月份起竟发生了这样的冲突，以致引起这样一场灾难。意思很明显，就是反对马克思当"主编"期间的办报路线。马克思当场对他进行驳斥，并对股东们的投降立场进行坚决的斗争。可是那些股东都不愿意听马克思的意见，一心想妥协。在这种情况下，马克思实在不愿再待在《莱茵报》。于是，他在报纸上发表一项声明，表示坚决退出这个准备投降的《莱茵报》编辑部。马克思认为退出以后可以更自由地进行革命活动。当时他给朋友写了一封信，信中说，我坚决不干了。即使为了自由，这种桎梏下的生活也是令人厌倦的，我讨厌这种小手小脚而不是大刀阔斧的做法。伪善，愚昧，赤裸裸的专横以及我们的曲意奉承，委曲求全，忍气吞声，谨小慎微使我感到厌倦。

1843 年 3 月，马克思退出《莱茵报》后，在克罗茨纳赫积极筹备创办《德法年鉴》，并在与卢格的通信中规定了刊物的性质和任务，提出把理论批判和政治批判结合起来，反对教条式地预料未来，主张在批判旧世界中发现新世界，为世界提供一个真正斗争的口号。正在这个时候，狡猾的普鲁士政府改变手法，企图用名利收买马克思。普鲁士政府通过马克思父亲的一个朋友、在政府里当枢密参事的艾谢尔，给马克思写了一封信，建议马克思为政府干事，还说可以给他一个"肥缺"，这就是要马克思放弃革命，投降反动派。但是，马克思不为名利和地位所诱惑，丝毫没有动摇革命的意志，反而决定提前出国了。

（三）不为欺骗性的表面现象所迷惑

仔细想来，对马克思最为中肯客观，也就是说既不溜须拍马，亦不恶意中伤的公允说法，当属马克思最亲密的战友和人类最传奇友谊的革命同志——恩格斯的评价。

那就是，恩格斯的《在马克思墓前的讲话》。

这篇文章，是人类历史上悼文的典范。

它让人懂得一个道理：

最懂你的人，往往比你自己还懂你。

在短短的 1200 多字中，恩格斯严谨地写道：

"正像达尔文发现有机界的发展规律一样，马克思发现了人类历史的发展规律，即历来为繁芜丛杂的意识形态所掩盖着的一个简单事实：人们首先必须吃、喝、住、穿，然后才能从事政治、科学、艺术、宗教等等；所以，直接的物质的生活资料的生产，从而一个民族或一个时代的一定的经济发展阶段，便构成基础，人们的国家设施、法的观点、艺术以至宗教观念，就是从这个基础上发展起来的，因而，也必须由这个基础来解释，而不是像过去那样做得相反。"

这段话讲了马克思的什么理论贡献？那就是我们在课本上学到的历史唯物主义。

接下来，恩格斯讲到马克思另一个伟大理论成就，也就是发现了资本主义社会剥削和压迫工人阶级的秘密所在。

这一点，大家都知道，那就是剩余价值学说。

接下来，恩格斯继续严谨地说道：

"一生中能有这样两个发现，该是很够了。即使只能作出一个这样的发现，也已经是幸福的了。但是马克思在他所研究的每一个领域，甚至在数学领域，都有独到的发现，这样的领域是很多的，而且其中任何一个领域他都不是浅尝辄止。"

这段话又给我们什么启示？

我的启示是，马克思就是全球通，人类已经无法阻挡马克思！

补充一句，早期社会主义活动家，大制糖商的儿子——莫泽斯·赫斯曾经这样介绍青年马克思：

"……你将会看到最伟大，也许是当今活着的唯一的真正的哲学家……他具有最深刻的哲学头脑，又具有罕见的智慧；如果把卢梭、伏尔泰、霍尔巴赫、莱辛、海涅和黑格尔结合在一起（我说的是结合，不是凑合），那么结果就是一个马克思博士。"

最后，一贯严谨的恩格斯竟然禁不住动情地说道：

"而我敢大胆地说，他可能有过许多敌人，但未必有一个私敌。"

"他的英名和事业将永垂不朽！"

想象一下吧，今天很多人是怎么面对敌人的。

有人说，我这人从来都不记仇，有仇一般当场就报了。

你看你这是什么水平。

再看看马克思，"未必有一个私敌"……

此种境界，令人叹服。

西方思想家弗罗姆说："马克思既非狂热分子，也非投机家，他是西方人性的精装。是一个具有不妥协的真理意识的人；他追求的是现实固有的本质，而从不为欺骗性的表面现象所迷惑；他身上充满不可动摇的胆识和不容侵凌的正直感；他满腔热情地关心人和人的未来；他忘我无私，缺少的就是权势欲，任何时候头脑都清醒，任何时候都能激励人，凡他所为，都注入了生命。他代表了西方传统最优秀的品质：相信理智和人类进步。他真正体现了他思想中那种人的品格。"

五、一个勇攀思想理论高峰的人

习近平在纪念马克思诞辰 200 周年大会上的讲话中指出，"马克思的一生，是不畏艰难险阻、为追求真理而勇攀思想高峰的一生。"马克思曾经写道："在科学上没有平坦的大道，只有不畏劳苦沿着陡峭山路攀登的人，才有希望达到光辉的顶点。"他毕其一生心血撰写了大量理论著作，尤以《共产党宣言》《资本论》等为代表，如一座座思想理论富矿，矗立在人类思想史上。170 年来，《共产党宣言》通过 200 多种文字、1000 多个版本，传遍全球，深刻影响和改变世界历史发展进程。马克思为创立科学理论体系，付出了常人难以想象的艰辛，最终达到了光辉的顶点。正如习近平所指出的："在人类思想史上，就科学性、真理性、影响力、传播面而言，没有一种思想理论能达到马克思主义的高度，也没有一种学说能像马克思主义那样对世界产生了如此巨大的影响。"

参天大树必有根，万里长河必有源。马克思主义理论的高度和影响的广度，追根溯源就是，马克思是一个严谨治学、勇攀思想理论高峰的人，为今人治学树立了光辉榜样，提供了方法论启迪。

（一）勤奋好学、兴趣广泛，自称"吃书的机器"

马克思博览群书、广泛涉猎，不仅深入了解和研究哲学社会科学各个学科知识，而且深入了解和研究各种自然科学知识，努力从人类创造的一切文明成果中汲取养料。

马克思研究过古希腊、罗马哲学，特别是亚里士多德、德谟克利特的著作；研究过从公元前6世纪到19世纪30年代2500多年的世界历史，着重研究了对世界近代史产生重大影响的法国革命史；研究过资产阶级启蒙学者的政治学说，尤其是孟德斯鸠和卢梭的国家学说；钻研过17世纪英国唯物主义、18世纪法国唯物主义和法国复辟时代的历史学家基佐、米涅、梯叶里、梯也尔等人的著作。他毕生忘我工作，经常每天工作16个小时。即使在多病的晚年，马克思仍然不断迈向新的科学领域和目标，写下了数量庞大的历史学、人类学、数学等学科笔记。正如恩格斯所说："马克思在他所研究的每一个领域，甚至在数学领域，都有独到的发现，这样的领域是很多的，而且其中任何一个领域他都不是浅尝辄止。"这些学术积累和学术素养，为创立马克思主义奠定了知识基础理论。

（二）从不迷信理论权威，具有批判精神和理性态度

马克思有一句名言："批判的武器当然不能代替武器的批判，物质力量只能用物质力量来摧毁；但是理论一经掌握群众，也会变成物质力量。"马克思的科学研究，就像列宁所说的那样，"凡是人类社会所创造的一切，他都有批判地重新加以探讨，任何一点也没有忽略过去"。马克思的思想理论源于那个时代又超越了那个时代，既是那个时代精神的精华又是整个人类精神的精华。

青年时期的马克思是黑格尔的信徒。但是，当发现黑格尔哲学体系中的矛盾后，他勇敢地提出质疑，并通过深入研究后，批判了黑格尔哲学中的唯心主义体系，吸取其辩证法的合理内核；马克思还批判了费尔巴哈唯物主义的唯心史观，吸收其唯物主义的基本内核。马克思主义政治经济学、科学社会主义，也是在批判继承前人优秀成果的基础上所创立的。如果马克思迷信理论权威，没有敢于"站在巨人的肩膀上"的胆识和勇气，没有敢于创新的意识和能力，他就不可能创立马克思主义。

（三）善于在继承中创新、在融合中发展

马克思主义理论体系主要由哲学、政治经济学、科学社会主义三大组成部分构成。这三大组成部分分别来源于德国古典哲学、英国古典政治经济学、法国空想社会主义，然而，最终升华为马克思主义理论体系的根本原因，是马克思对所处的时代和世界的深入考察，是马克思对人类社会发展规律的深刻把握。

在这一科学理论体系中，哲学、政治经济学、科学社会主义三者之间互相渗透、互相补充，构成严密的统一完整的学说体系。马克思主义哲学是整个马克思主义的指导原则，政治经济学是通向实际生活的中介，科学社会主义则是运用哲学分析经济事实引出的结论和要达到的最终目标。社会主义理论一旦离开马克思主义哲学和政治经济学，就会背离科学社会主义。同样，政治经济学离开马克思主义哲学的指导，离开科学社会主义理论，就必然跌入资产阶级经济学的泥潭。马克思主义哲学如果无视科学社会主义指明的实现社会主义和共产主义的方向和道路，无视马克思主义政治经济学对社会经济现象特别是对新出现的社会经济现象的分析，就会沦为烦琐的、脱离实际生活的经院哲学。如果把三者中的任何一个组成部分同整体割裂开来，都会使其丧失原有特性，进而导致对马克思主义理论体系的背离或曲解。

（四）具有精品意识，对自己的著作精雕细琢

为把最好的研究成果献给工人阶级，马克思总是以极其严谨的态度，反复推敲、修改、完善自己的作品。马克思写作《资本论》付出极其艰苦的劳动，曾数易其手稿。他在给友人的信中谈到，为了《资本论》的写作，"我一直在坟墓的边缘徘徊。

因此，我不得不利用我还能工作的每时每刻来完成我的著作"。马克思曾说："我还有这样一个特点：要是隔一个月重看自己所写的一些东西，就会感到不满意，于是又得全部改写。"

法国学者拉法格曾回忆说："马克思对待著作的责任心，并不下于他对待科学那样严格。他不仅从不引证一件他还未十分确定的事实，而且在他尚未彻底研究好一个问题时，他决不谈论这个问题。他决不出版一本没有经过他仔细加工和认真琢磨过的作品。他不能忍受把未完成的东西公之大众的做法。"唯有与时俱进的理论，才能永葆生机；唯有引领时代的思想，方显磅礴伟力。法国学者德里达指出，人类不能没有马克思，没有马克思，没有对马克思的记忆，没有马克思的遗产，也就没有将来。我们追思马克思这位世界顶尖级的理论巨匠，其中一个重要方面是要学习他不畏险阻追求真理的治学态度、治学精神和治学担当，进一步强化理论工作者的事业心责任感。

马克思一再告诫人们，马克思主义理论不是教条，而是行动指南，必须随着实践的变化而发展。一部马克思主义理论体系发展史就是马克思、恩格斯以及他们的后继者们不断根据时代、实践、认识发展而发展的历史，是不断吸收人类历史上一切优秀思想文化成果丰富自己的历史。因此，马克思主义理论体系能够永葆其美妙之青春，不断探索时代发展提出的新课题、回应人类社会面临的新挑战。新时代要有新作为，新使命呼唤新担当。我国广大理论工作者要在习近平新时代中国特色社会主义思想指引下，勇于并善于立时代之潮头、通古今之变化、发思想之先声，积极为党和人民述学立论、建言献策，切实担负起实现"两个一百年"奋斗目标和中华民族伟大复兴中国梦的光荣使命。

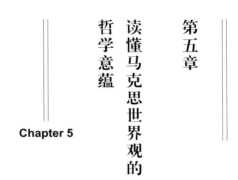

第五章

读懂马克思世界观的

哲学意蕴

Chapter 5

大千世界，芸芸众生。人类的产生特别是其发展，给世界描绘出一道最亮丽的风景线。然而，在这生息不已、万物竞荣、奥妙无穷的宇宙中，为什么只有人类才能脱颖而出、占尽风采？这不得不归结于人类的独特生产与生活方式：人不仅仅是物质的存在，如吃、喝、拉、撒、睡；更是精神的存在，如人们会问为什么要吃、喝、拉、撒、睡？怎样吃、喝、拉、撒、睡？这样生活有意义吗？作为物质的存在，人和世界万物没有本质的区别，都是统一的物质循环系统中的一个"分子"而已；作为精神的存在，人却表现出比之于他事的尊贵和崇高，正如法国思想家帕斯卡尔所说的："人的全部的尊严就在于思想。""由于空间，宇宙便囊括了我……由于思想，我却囊括了宇宙。"

人活在世上，不是仅仅满足于依附在这个世界，而是决意要思考、解释和改造这个世界。这里的思考和解释世界，也就是人们常说的认识世界，实质上，是一个世界观的问题。而改造世界是在认识世界的指导下进行的，它表现为世界观的行为和产物。所以，归根结底人和其他世界万物的根本区别就在于：人有世界观而他物不具有，世界观表现了人之为人的独特的意义和价值。那么，到底什么是世界观？世界是怎样产生的？宇宙有边吗？人有来世吗？什么样的世界观才是正确的世界观？树立正确的世界观对人的成长发展具有怎样的意义和价值？这是没有系统学习哲学的人，经常会问到的话题。为此，我们应当学哲学、用哲学，特别是运用马克思主义立场观点方法观察问题、分析问题，读懂马克思世界观的哲学意蕴。

一、世界观是一个常讲常新的话题

世界观是一个古老的话题，但又是一个常讲常新的话题，自有人类以来就一直被人们争论和探讨。然而，世界观讲多了，有人就觉得它是套话、大话和空话，听起来就觉得烦、觉得腻、觉得厌。其实，世界观既不是套话，也不是大话，更不是空话。它很实在，很具体，很普遍，每个人都有，对每个人都很重要。要真正撇清对世界观的偏见，充分认识它的重要性，首先得走进世界观，了解世界观。

（一）在联系与区别中理解世界观

世界观作为一个哲学的概念，最初来源于西方，它是指人们通过"观"世界而形成的对整个世界和人与世界关系的总的看法和根本观点。什么叫总的看法和根本观点？意思是说，它具有最大的抽象性、概括性和最普遍的适用性。在汉语中，世界和宇宙的含义是一样的，因此世界观也称宇宙观。这是因为，世界的世为时间，界为空间；无始无终谓之宇，无边无际谓之宙。

世界观有广义和狭义之分。通俗地讲，广义的世界观是指人的主观世界、内心世界，即人们对世界上一切主、客观现象的观点和看法。它是建立于一个人对自然、社会、人生和精神等系统的、丰富的认识基础上，包括自然观、社会观、历史观、人生观、价值观和道德观等。因此，广义的世界观既包括人们对世界的本质和规律，即真理的追求，如各种自然科学知识；也包括人们对人类生活中的道德、情感、意志等，即价值的关注，如各种人文学科知识。德国大哲学家康德所说的"头顶的星空"和"心中的道德法则"，就是这两类知识。狭义的世界观则是指人们对整个客观世界，包括自然界和人类社会的普遍本质和一般规律的总的观点和根本看法。我们一般是在狭义上使用世界观这个概念的。

为了更具体、更深刻地理解世界观，人们通常把世界观与具体科学、与人生观和价值观、与方法论、与哲学联系起来，在它们的联系与区别中去规定和把握世界观。

世界观与具体科学既有联系又有区别。首先，世界观和具体科学相互依赖。一方面，世界观以具体科学为基础。世界观作为对自然、社会、人类思维等知识的概括和总结，它离不开具体科学对这些领域的具体知识和发展规律的揭示。例如，微观粒子和宇宙天体的不断发现，拓宽了人们认识世界的深度和广度，而这一方向有赖于物理学、天文学的变革和创新。另一方面，具体科学以世界观为指导。众所周知，任何一门具体科学的研究，均自觉或不自觉地寻求它的世界观和方法论基础。历史经验表明，把科学研究引向神秘的神学世界观的行径，都在不同程度上阻碍了具体科学的前进和发展；反之，以客观的、物质的、实践的世界观指导具体科学研究，方能有所广益、裨补缺漏。其次，世界观和具体科学相互区别。它们的研究对象、研究方法和研究规律等都根本不同，二者是抽象与具体、一般和个别、共性与个性的关系。

世界观和人生观、价值观是统一的。人们常说"三观尽毁"，三观是指世界观、人生观、价值观。这从某种程度上表明，三观是具有统一性的。其一，三者本质上都属于广义的世界观，只不过现实生活中人们都是在狭义上使用而已。其二，三者相互影响、相互制约。一方面，世界观决定人生观和价值观，有什么样的世界观，就有什么样的人生观和价值观。正确的世界观，是正确的人生观和价值观的基础，人们对人生意义和价值

的正确理解，需要建立在对世界发展客观规律正确认识的基础
之上。另一方面，人生观和价值观又对世界观的巩固、发展和
变化起着重要作用。一个人的人生观和价值观发生变化，往往
会导致其世界观发生变化。现实生活也表明，一个人即使曾经
树立起正确的世界观，但在人生实践中，如果经不起拜金主义、
享乐主义和极端个人主义等腐朽人生观和价值观的侵蚀，正确
的世界观必然会丧失。

世界观和方法论是统一的。一般来说，有什么样的世界观，
就会有什么样的方法论；反之，一个人有什么样的方法论，也
反映其具有什么样的世界观。譬如，当一个人生了病，如果他
信仰无神论，那么他就会相信医学，去医院诊治；如果他信仰
有神论，那么他就会求助神灵，去请巫婆神汉。反之，从一个
人对待疾病的态度和治疗方式的选择上，也可以看出他信奉什
么样的世界观。

世界观和哲学既有联系，又有区别。哲学一定是世界观，
但世界观不一定是哲学。人人都有世界观，但未必人人都是哲
学家。日常生活中，每个人都会对周围的事物形成一定的看法
和认识，如果这些观点不能上升为系统的、抽象的、理论化的
形态，它就只是自发的、零碎的、朴素的世界观碎片，而不是
哲学。哲学作为系统化、理论化的世界观，一般来说，是由具
有特定理论素养的专门理论家来完成的，它能够揭示出世界的
普遍本质和一般规律，对人们的实践活动具有普遍的指导作用。

因此，通常所说的世界观都是指哲学意义上的世界观，要想完整、科学、深刻地理解世界观，就必须了解和学习哲学。

（二）在形成和发展中理解世界观

世界观作为人类特有的精神现象，是在人们社会实践的基础上产生和逐渐形成的，它经历了一个从无到有、从低级到高级的发展过程。人们在实践活动中，首先形成的是对于现实世界各种具体事物的看法和观点。久而久之，人们逐渐形成了关于世界的本质、人和客观世界的关系等总的看法和根本观点，就出现了世界观的萌芽。在社会实践的基础上，已形成的世界观又会继续变化与发展。

世界观的产生，以人与世界万物的区分为前提。在人类产生之前，世界万物是混沌一体的，不存在什么独立的世界观。人猿揖别后的最初阶段，人类也没有明确地意识到自己是世界的主人，没有以主体的身份去把世界万物作为客体、作为对象来认识，因而也没形成明确的世界观。

当人类的思维能力达到一定水平并出于进一步开展生产活动的需要，人类才产生了认识世界的需要。但由于大自然的绝对强势地位，人们当时普遍相信万物有灵，崇拜图腾。因而，这一时期的人们是以神话的方式来反映世界的。在西方，流行的是上帝创世说；在中国，盘古开天地、女娲造人的传说广为流传。在这样的神话世界观里，人是没有地位的，是作为自然的产物和"奴隶"而存在的。同时，这种世界观的内容也是无比贫乏的。

随着生产力的发展和人类生产、生活实践经验的积累，人们对世界的认识能力和水平逐渐提高。金属工具的出现、文字的发明、脑力劳动和体力劳动的分工，使人类开始迈进文明社会的门槛。这时，作为世界观的哲学逐渐与原始宗教、神话相分化，天文、地理、物理、化学、医术、文学、艺术、伦理、道德等知识门类也陆续出现并缓慢发展。但在漫长的奴隶社会和封建社会里，自然力量和等级制度、剥削制度的双重压迫，极大地限制了人们对自然、社会和人类自身的认识，世界观的内容仍是单调的、支离破碎的。

从文艺复兴对"人的发现"开始，特别是随着近代笛卡尔"理性大旗"的高举和对人的主体性的高扬，人们才认识到自己的价值和力量，由自然的"奴隶"摇身一变而成为世界的"主人"，自然则由原来的"主人"降格为"奴隶"，标志着人类世界观的一次根本转变。自此以后，不仅人们对自然界的认识获得极大发展，各门自然科学相当发达，而且人们对自身和社会的认识日趋丰富和深刻，各种人文、社会科学学科相当繁荣。世界的整体图景和人与世界的关系越来越清晰地展现出来，人们的世界观获得前所未有的丰富与发展。

近代以来的世界观是对古代"神本主义"世界观的否定，它对人的主体性的尊重和高扬是有积极意义的，但在这种世界观的指导下，人们对大自然的大规模征服和改造导致自然生态的恶化和人的发展的异化，使大自然和人的发展均深陷危机而难以为继。所以，当今人们重新对人的主体地位和理性能力、对人和自然的关系进行审视和反思，提出以人为本和全面、协调、可持续的科学发展观，这是人类世界观的一次深刻调整和重大提升。党的十八大据此提出经济建设、政治建设、文化建设、社会建设、生态文明建设"五位一体"总体布局，2015 年习近平提出创新、协调、绿色、开放、共享发展理念，这是对人、自然、社会发展的内在要求和客观规律的深刻理解和自觉践行，是科学的发展观和科学的世界观，是马克思主义世界观在当代发展的最新成果。当然，人们的世界观在实践的基础上还会继续丰富和发展。

（三）在差异和对立中理解世界观

世界观因人而异。对自发的世界观来说，一个人有一个看法，有多少个人就有多少个看法，所以人们对此有"一千个人有一千个哈姆雷特"之说；对哲学的世界观来说，虽不像自发的世界观那样庞杂和繁多，但也林林总总，见仁见智。不过，所有世界观的差异和对立，归根结底无非是对存在和思维或物质和意识关系的不同回答。

这一问题包括两个方面。

一方面，思维和存在、意识和物质何者为本原的问题。对这一方面的问题历来有两种根本不同的回答，由此在哲学上形成了唯心主义和唯物主义两大阵营、两个基本派别、两条对立的路线，而在中国主要表现为无神论和有神论的对立。凡是认为意识是第一性的，物质是第二性的，即意识先于物质，物质依赖意识而存在，物质是意识的产物的哲学派别属于唯心主义；凡是认为物质是第一性的，意识是第二性的，即物质先于意识，意识是物质的产物的哲学派别属于唯物主义。

另一方面，思维和存在的同一性问题。这是关于人和世界的关系尤其是"人们能否认识世界"问题上的根本分歧，由此形成了可知论和不可知论的对立。另外，对这一方面的问题，绝大多数哲学家包括唯物主义哲学家和一些唯心主义哲学家都作了肯定的回答。但是，唯物主义和唯心主义对这个问题的解决在原则上是不同的。唯物主义是在承认物质世界及其规律的客观存在，承认思维是存在的反映的基础上，承认世界是可以认识的；唯心主义则把客观世界看作思维、精神的产物，认为认识世界就是精神的自我认识。在唯物主义和唯心主义对立与斗争的过程中，往往还交织着辩证法和形而上学的对立与斗争，它们一并被人们称为哲学上的"两个对子"。

可知论和不可知论，是对人们能不能认识世界，特别是其本质和规律问题的不同回答而形成的两种对立的世界观。可知论认为世界是可以被认识的，人们不仅能认识世界万物的表面现象，而且能透过现象把握内在，获得对事物的本质和规律的深刻认识。一切唯物主义者和彻底的唯心主义者，都坚持世界可知的基本立场。不可知论则否认或怀疑人们认识世界的可能性，认为世界是不能被认识的或者至少是不能被彻底认识的。人们最多只能认识事物的表面现象，其背后的本质和规律是无法把握的。一般来说，两元论、多元论以及不彻底的唯心主义者，在认识论上最终都会滑向不可知论。

辩证法和形而上学，是对世界的状况即世界"怎么样"问题的不同回答，以及想问题、办事情的方式不同而形成的两种对立的世界观和方法论。辩证法认为世界上的事物是相互联系的和运动、变化、发展的，事物本身所包含的内部矛盾是导致事物变化发展的主要原因，因而主张用联系的、发展的和全面的观点去分析和解决现实问题；形而上学往往把世界上的事物看成是彼此孤立的和静止不变的，或者把事物的变化发展完全归结为外部因素的影响，因而习惯用孤立的、静止的和片面的观点去分析和解决现实问题。

由于对世界状况的回答，要以对世界本质的回答为前提，即只有先指出世界"是什么"，然后才能说明世界"怎么样"，进而才能明白"如何做"。所以，辩证法和形而上学的对立从属于唯物主义和唯心主义的对立。同时，认识论作为对世界的本质和规律的回答，最终也不能绕开本体论的基础。因此，所有的世界观归根结底就是两种类型：唯物主义和唯心主义。

世界观的类型还与世界观的阶级性密切相关。在阶级社会里，世界观具有鲜明的阶级性，不同的阶级会有不同的世界观。一般来说，一切剥削阶级所信奉的是唯心主义和形而上学的世界观，他们往往安于现状、惧怕真理，不愿也不可能去科学地认识世界，更谈不上去改造世界；一切进步阶级和广大劳动人民所信仰的是辩证唯物主义和历史唯物主义的世界观，即马克思主义的世界观，他们敢于面对现实、追求真理，积极地去认识世界和改造世界。更应看到这并不是严格的一一对应关系。一些剥削阶级中的先进分子，也会寻求和信仰进步的世界观；而由于各种因素的影响和制约，不少落后的、腐朽的世界观也在劳动人民当中有相当的影响。

二、迄今最科学、最进步的世界观

世界观有正确与错误、先进与落后之分。一切唯心主义的世界观和旧唯物主义的世界观，都对世界的本质和状况进行了歪曲或片面把握，都不能科学合理地说明人与世界的关系，因而不能有效地指导人们认识世界和改造世界。马克思主义世界观是人类迄今最科学、最进步的世界观，它不仅科学揭示了世界的普遍本质和一般规律，而且充满了深刻的价值关切和人文关怀，是无产阶级及其政党和广大劳动人民认识世界和改造世界的强大理论武器。马克思的世界观，大致历经和正在经历酝酿萌芽、成长形成、成熟定型和创新发展四个时期。

（一）马克思世界观的酝酿萌芽期

在马克思辩证唯物主义形成以前，人们对世界的总的看法和根本观点，始终没有摆脱唯心主义和旧唯物主义的影子。这为酝酿马克思的世界观提供了理论条件，可以理解为马克思世界观的酝酿萌芽期。

唯心主义世界观，否认世界的物质性、客观性，把人的主观精神、意识即主观唯心主义或某种神秘的客观力量，如绝对精神、客观唯心主义看成世界的本原，认为意识决定物质，主观决定客观，因而主张从主观出发去认识和解决现实问题。

旧唯物主义同样片面把握世界的物质性。在马克思辩证唯物主义形成以前，每个阶段上的唯物主义思想，尽管都是代表了一定历史条件下的先进阶级的利益，并同各式各样的唯心主义、宗教、迷信作了尖锐的斗争；但是，他们依然存在着一定的错误成分。这不仅是因为他们所代表的阶级的进步作用有着一定的历史局限性，而且是因为当时的自然科学尚处于不成熟历史阶段上的缘故。在人类社会的历史发展过程中，马克思主义以前的唯物主义世界观适应着科学发展的不同水平，大体上经历了古代朴素唯物主义和形而上学唯物主义两个发展阶段。

古代朴素唯物主义——这一派的唯物主义哲学家，最初产生在古代奴隶社会中。在古代西方希腊的哲学家中，有一派人反对世界是"神"或"上帝"创造的唯心主义、宗教看法，他们坚决地主张世界是由一种"初始物质"构成的，万物都来源于这种"初始物质"，而意识也不过是它的产物而已。他们之中，有的认为这种"初始物质"就是水，有的认为就是火、空气等。

最后，竟有人天才地推测世界是由一种大小不同的叫作原子的
物质粒子构成的。这些哲学家不但用唯物主义观点来证明了世
界，而且其世界观中还包含了自发的辩证法。也就是说，当时
他们已经认识到这个物质世界是处在相互联系、永恒运动和矛
盾斗争之中的。

　　这种朴素的唯物主义和自发的辩证法，不但在古代西方有，
而且在古代东方也有。在古代中国，早在希腊之前就有过一些
思想家，用唯物主义观点来证明世界的原始问题。有的人主张
世界上一切东西，最初都是来自于金、木、水、火、土"五行"；
有的人主张阴、阳两极矛盾变化的辩证学说。由此可见，古代
朴素唯物主义哲学，已经大体上对世界有了一个较为正确的看
法。但是，由于古代朴素唯物主义哲学家们对世界的看法并不
是从科学实践中总结、概括出来的，而是他们对世界进行直观
的结果，因此其唯物主义具有朴素的形态，他们把物质仅仅局
限于某一个物质形态（物体）上面。他们的辩证法也是带有自
发性的，没有依据对具体的科学规律的认识来作其基础，因此
不能用来指导人们的实践活动。所以，尽管古代朴素唯物主义
对自然界做出天才的推测，但它与科学的辩证唯物主义之间依
然存在着极大的差距。古代朴素唯物主义的这些缺点，显然与
当时自然科学所处的十分幼稚的发展状况有着不可分割的关系。

　　古希腊的朴素唯物主义哲学，以德谟克利特为代表，是在
同以柏拉图为代表的唯心主义哲学斗争中发展起来的。这一哲

学上的思想斗争，反映了当时现实生活中新兴的工商奴隶主与占有土地的贵族奴隶主之间的斗争。随着社会历史的发展，朴素唯物主义不能不随着奴隶制度的瓦解而丧失它在哲学思想中的地位，被后来的维护封建统治、宣扬宗教迷信的唯心主义哲学所代替。

形而上学唯物主义——欧洲的 17、18 和 19 世纪，正是资产阶级作为新兴的先进社会力量先后在各国出现的时期，这一时期的唯物主义哲学代表着当时先进资产阶级的利益，是在同代表封建反动阶级利益的宗教、唯心主义哲学作斗争的过程中发展起来的。17、18、19 世纪的先进资产阶级唯物主义哲学家们，同样地坚持了物质第一性、意识第二性的唯物主义原理。比古代的唯物主义哲学家，他们已经前进了一步。因为他们已经开始在一定程度上，将唯物主义哲学与自然科学上的某些成果结合起来。

但是，由于当时自然科学的发展尚未达到充分成熟的阶段，同时又因为资产阶级在历史上的进步作用终究是有局限性的，因此他们的唯物主义哲学难免具有很大的局限性。这表现在他们一方面同维护封建统治的唯心主义作斗争，坚持唯物主义，另一方面又主张一切事物的不变性。在科学事实的面前，他们虽然承认物质处于运动中的事实，但他们只承认物质在空间的位置移动——机械运动，而不能把运动进一步理解为事物的发展变化。由此可见，在资产资本主义上升时期的资产阶级唯物主义哲学家们，对哲学根本问题的解决是带有形而上学性质的。不仅如此，在解释社会历史现象的时候，他们又变成唯心主义的。这是当时所有资产阶级唯物主义的共同缺点。在这些唯物主义哲学家中，最著名的一位就是德国的费尔巴哈。他曾同宗教做过不调和的斗争，批判了当时最有势力的黑格尔唯心主义哲学，指出他们不过是宗教的变形，从而宣布了唯物主义的胜利。但费尔巴哈也未能摆脱旧唯物主义的缺点，他虽然尖锐地批判了宗教，但又不能完全摆脱宗教的影响。他在批判黑格尔的唯心主义的同时，却把黑格尔辩证法中最有价值的部分抛弃掉了，他在解释社会历史现象的时候，也同样采取了唯心主义的观点。

（二）马克思世界观的成长形成期

马克思世界观和马克思主义世界观是两个不同的概念，既有联系，又有区别。马克思世界观是对马克思本人的世界观发展演变过程的如实描述，它经历了一个由崇尚抽象思辨到强调变革现实、由囿于唯心主义到皈依唯物主义的发展过程。在这一过程中，只有马克思经过比较、鉴别和改造，最终自觉确立的、成熟的世界观思想才能被称为马克思的世界观。马克思主义世界观是对一切马克思主义者的世界观理论的共同本质、基本精神的理论概括和有机整合，它既包括马克思本人的成熟的世界观理论，也包括恩格斯和后继马克思主义者作出的符合马克思主义精神实质的继承、创新和发展。因此，马克思主义世界观是以马克思世界观为基础和主体的，通常所说的马克思主义世界观主要是指马克思的世界观。

马克思的世界观是以辩证唯物主义和历史唯物主义为世界观和方法论基础、以共产主义为最终奋斗目标、以为最广大人民谋利益为根本政治立场、以与时俱进为理论品质的科学理论体系，是关于无产阶级和人类解放的科学社会主义学说。简而言之，马克思的世界观就是马克思主义哲学。它是马克思、恩格斯适应当时工人运动的需要并总结其经验，在借鉴、吸收人类文化发展优秀成果，特别是德国古典哲学的思想精华，以及总结当时自然科学发展的最新成果的基础上，通过他们的远见卓识和艰辛探索而创立的。我们可以把马克思主义哲学的形成过程，理解为马克思世界观的成长形成期。

第一，马克思的世界观是当时社会发展的产物。19世纪初期，资本主义的生产方式相继在西欧的主要资本主义国家中占据统治地位，社会历史发展的唯物辩证性质得到了充分的表现。这为科学地提示人类社会发展的基本规律，奠定了社会历史前提。与此同时，资本主义所固有的各种社会矛盾，特别是生产社会化和资本主义私人占有制之间的矛盾日益加深。无产阶级和资产阶级矛盾、阶级对抗越来越尖锐起来。无产阶级要完成自己的历史使命，迫切需要以科学的世界观为指导，马克思主义哲学正是适应无产阶级政治斗争的迫切需要而产生的。

第二，马克思的世界观是19世纪自然科学发展的必然结果。

进入19世纪后，细胞学说、能量守恒和转化以及达尔文生物进化论等三大科学的发现，为马克思主义哲学彻底克服唯心主义和形而上学的自然观，全面深刻地揭示自然界唯物辩证的性质，提供了自然科学的前提和条件。

第三，马克思的世界观是马克思对人类思想史上一切优秀成果的创造性继承，是人类文明特别是欧洲近代文明合乎逻辑的发展成就。黑格尔的辩证法和费尔巴哈的唯物主义思想，成为马克思世界观的直接理论来源。黑格尔对于世界观的理解具有划时代的意义，主要体现在他将历史性因素引入到对世界观的理解之中。"只有通过在历史的长河中的辩证运动，绝对精神才能实现具有末世论意义的自我意识。在这个过程中，绝对精神会具体化为人类的思想和文化，因此，世界会表现为不同的存在方式。"但是，在黑格尔那里，世界观仍然只是哲学本身的附庸品。可以说，黑格尔哲学既有进步的一面，也存在局限性，在本质上依然是一种唯心主义世界观，仍然将世界观理解的历史性因素归结为一种绝对精神。在黑格尔之后的费尔巴哈唯物主义，是对以往的唯心主义世界观的一次根本性的颠覆。在费尔巴哈那里，他不满意黑格尔那种宣扬精神异化的观点，即认为整个世界历史不过是绝对精神由自身逻辑发展异化为自然界和人类社会，而后又复归到自身的发展过程。费尔巴哈提出了以感性的、物质人为基础的"人的本质异化"的观点，来同宗教和唯心主义世界观相对立。但是，费尔巴哈所理解的人仅仅是抽象的个人，是生物学意义上的人。同时，"对事物、现实、感性，只是从客体的或者是直观的形式去理解"，看不到社会实践在人们认识过程和社会生活中的作用，因此不可避免地陷入唯心史观中。所以，马克思称费尔巴哈的唯物主义是"半截子的唯物主义"，即在自然观上是唯物的，而在历史观上却是唯心的。以康德和黑格尔为代表的唯心主义者，对于世界观的理解只是单纯地停留在意识之内，这在黑格尔那里得到了更好地验证。而费尔巴哈的唯物主义世界观，只是用不同的方式解释世界，而问题在于改变世界。正因如此，马克思提出了具有根本变革性意义的新世界观，从而彻底终结了以往的世界观。1848年2月，作为这一学说的理论运用的《共产党宣言》的发表，标志着马克思世界观的正式诞生。

（三）马克思世界观的成熟定型期

对于马克思主义的世界观，人们通常把它概括为辩证唯物主义和历史唯物主义，认为这是马克思的理论创新和独特贡献，是它与其他世界观的根本区别。但不少人对此持有异议，认为这种概括容易给人们造成马克思主义是"理论拼盘"的错觉，不利于人们从总体上把握马克思主义的理论内涵和精神实质。因此，有人主张以马克思曾亲自提到的新唯物主义、实践唯物主义或新世界观等去命名，以此强调马克思主义世界观的整体性。

这两种做法各有所长。我们不妨把这两种观点结合起来，以便于人们直观地、完整地把握马克思世界观的基本内容和精神实质。理解把握马克思世界观的基本内容和精神实质，标志着马克思世界观已经进入成熟定型期。

第一，从整体上理解马克思世界观。马克思世界观是一块"理论整钢"，是由基本立场、基本观点、基本方法、基本目标等构成的一整套有机的理论体系。它的基本态度和基本立场就是实事求是，致力于实现以劳动人民为主体的最广大人民的根本利益；它的基本原理和基本观点就是其对整个世界的普遍本质和一般规律，对自然、社会和人类思维等各个领域的具体规律的分析和揭示，表现为一个由一系列相互联系的概念、判断和规律构成的理论系统；它的基本方法就是其认识和分析世界所应用的一系列方法和方法论的总和，即马克思的辩证逻辑和辩证法；它的基本目标就是其对整个人类命运的终极关怀，实现人的自由全面发展的共产主义。

基本立场、基本观点、基本方法、基本目标四个方面，概括了马克思世界观的基本内容，是从整体上把握的马克思主义。今天，我们坚持和发展马克思主义，决不是要单纯坚持和发展马克思的某个观点，而是要从整体上继承和坚持其基本立场、基本观点和基本方法，并以之分析和解决现实问题。

第二，从辩证唯物主义和历史唯物主义，理解马克思世界观是必要的和可行的。虽然自然和历史密切联系、相互渗透，唯物论和辩证法水乳交融、相互倚重，马克思世界观不是辩证唯物主义和历史唯物主义的简单相加。但从这两个方面来把握马克思主义，简单、直观、明了，有助于人们一下子直接抓住马克思主义的精髓。所以，在此还是按照传统的观点来梳理马克思世界观的具体内容。

辩证唯物主义的世界观，是对整个世界特别是自然界的普遍本质和一般规律的揭示，其基本内容可用人们所熟知的、经典的四句话来概括。

一是世界是物质的。自然界和人类社会，都是物质世界的组成部分。人的思维、精神、意识不过是外部客观物质世界在人脑中的主观映象，归根到底是由物质决定的，整个世界是统一的物质世界。

二是物质是运动的。世界上的一切物质，包括自然、社会和人的思维在内，都处于相互联系和普遍运动之中。运动是物质的一般存在方式，静止是相对的，是运动的特殊表现形式。

三是运动是有规律的。事物的运动不是杂乱无章的，而是有规律可循的。对立统一规律、质变量变规律、否定之否定规律，是物质世界运动的三大基本规律。

四是规律是可认识的。虽然事物运动的规律都是客观的、不以人的意志为转移的，但人们在规律面前不是无能为力的。人们可以充分发挥主观能动性，去认识和利用规律为人类造福。

历史唯物主义世界观，是对人类社会这个特殊有机体的本质、结构、主体、发展动力、发展规律等的科学揭示。它的基本内容主要包括五个方面。

一是劳动是人和人类社会存在与发展的基础。人本身就是劳动的产物，劳动是从猿到人转变的关键，并继续改善着人的体力、智力和主观世界。整个人类社会是建立在（生产）劳动基础上的，物质资料生产方式的变革是人类社会历史发展的决定力量。

二是人类社会是一个由多种因素构成的统一的有机体。经济、政治、文化相互影响、相互制约，构成任何一个社会有机体的基本结构。党的十八大提出的中国特色社会主义"五位一体"总体布局，从某种意义上讲，是对社会有机的构成要素及其内在联系的科学揭示和自觉运用。

三是人类社会是在社会基本矛盾运动的推动下不断向前发展的。生产力和生产关系、经济基础和上层建筑的矛盾是人类社会的基本矛盾，构成了人类社会发展的基本动力。此外，阶级斗争是阶级社会发展的直接动力，改革是社会进步的重要动力，科技创新在当代社会发展中起着越来越重要的作用。

四是人民群众是真正的英雄。虽然社会历史的发展是无数个人"合力"作用的结果，但人民群众是推动社会进步的主体和决定力量。英雄人物的活动只有符合人民群众的利益、顺应历史发展的潮流，才能对社会历史的发展起推动作用。

五是人类社会历史是按规律演进的。人类社会历史的发展是有规律的。生产力和生产关系、经济基础和上层建筑的矛盾运动规律，是人类社会历史发展的基本规律，在其支配下，人类社会不断由简单到复杂、由低级到高级向前发展，最终迈向共产主义社会，个人也实现自由全面的发展。

（四）马克思世界观的创新发展期

马克思世界观作为人类历史上一种崭新的、科学的世界观，具有不同于以往世界观的鲜明特征。马克思世界观的基本特征，主要可以概括为一个根本观点、两个有机结合、三个有机统一和一个理论品质。认识和把握马克思世界观的基本特征，意味着马克思的世界观已经进入创新发展期。

第一，实践的观点是马克思世界观的根本观点。马克思世界观认为，实践是全部人类现存世界的基础，对对象、现实和感性，既要从客体方面去理解，又要从主体方面去理解，把它当作人的感性活动、当作实践去理解。只有这样，才能正确解决主体和客体、主观和客观、自然和社会的关系。正是基于实践的观点和思维方式，马克思世界观实现了唯物论和辩证法、唯物辩证的自然观和历史观、革命性和科学性的有机统一，完成了整个理论体系大厦的建构。

而旧的世界观由于不了解实践的科学内涵和作用，找不到沟通主体与客体、主观与客观、自然与社会的桥梁。因而，在它们那里，唯物论和辩证法遥遥相望，自然观和历史观咫尺相对。由此可见，实践的观点和思维方式是马克思主义实现世界观革命的关键，它不仅是马克思世界观批判各种唯心主义世界观的锐利武器，而且是同旧唯物主义世界观的分水岭。

第二，马克思世界观实现了唯物论和辩证法、唯物辩证的自然观和历史观的有机结合。马克思世界观的革命变革表现在理论内容上，就是把唯物论和辩证法、唯物辩证的自然观和历史观有机地结合起来，形成了辩证唯物主义和历史唯物主义的理论体系。在旧世界观中，唯物主义和辩证法从总体上说是互相分离的。而唯物主义脱离了辩证法，就不能坚持到底；辩证法脱离了唯物主义，就会受到窒息或歪曲。马克思主义世界观通过对人类实践活动的物质本原和辩证本性的科学揭示，为唯物论与辩证法的统一提供了现实基础和依据。

在马克思世界观之前，唯物主义是不彻底的，它只存在于自然领域，在社会历史观上则是唯心的，因而被称为"半截子的唯物主义"。马克思主义世界观以实践为基础来解决哲学的基本问题，把思维与存在的统一理解为人与自然相互作用的现实的历史过程，揭示了自然和社会的相互渗透和相互转化，实现了唯物辩证的自然观和历史观的统一，把唯物主义世界观彻底化了。

第三，马克思世界观实现了阶级性、革命性和科学性的有机统一。与一切剥削阶级的世界观总是掩盖其阶级性不同，马克思主义公然申明自己的阶级性，声称自己的世界观是为无产阶级和广大劳动人民服务的。但这丝毫不妨碍其科学性，原因就在于无产阶级是人类历史上最伟大的一个阶级，它代表最先进的生产力，是最有远见、最大公无私、最有组织性、纪律性和革命的彻底性的阶级，代表了人类未来的发展方向。同时，无产阶级的利益和整个人类的利益是根本一致的，因为"无产阶级只有解放全人类，才能最后解放自己"。

马克思世界观的阶级性和它的革命性也是正相呼应的。以实践为基础和原则建构的马克思世界观，当然具有革命的、批判的本质。它"不崇拜任何东西"，强调"全部问题在于使现存世界革命化，实际地反对和改变事物的现状"。马克思世界观所主张的对现实世界的改造，无论是日常的生活实践，还是无产阶级的社会革命，都是按照客观世界的本性和社会历史的发展规律进行的，因而都是科学的。所以，马克思世界观的阶级性、革命性和科学性是有机统一的。

第四，与时俱进是马克思世界观的理论品质。马克思世界观不是一个由既定不变的概念、结论和公式构成的狭隘、封闭的僵化体系，它不断与时俱进、自我更新，保持着一贯的生机和活力。马克思主义创始人坚持以发展的眼光看待自己的理论的，宣称"我们的理论是发展的理论，而不是必须背得烂熟并机械地加以重复的教条"，主张理论应时刻关注世界历史发展的新情况，根据科学和实践的发展不断补充和完善，率先树起与时俱进的旗帜。马克思主义的继承者也只有坚持与时俱进，以发展的态度对待马克思主义，才能真正发挥马克思世界观和方法论的指导作用，并把它不断推向新的阶段和新的水平。

三、马克思世界观的历史意义和当今价值

世界观是人的总开关和总钥匙，是人的全部精神和行为的总导演和总指挥。世界观正确的时候，往往感觉不出来；但世界观出了问题，人迟早会出问题。不但个人需要正确的世界观，而且任何一个民族、国家、社会、政党都离不开科学世界观的指引和导航。马克思世界观作为最科学的、最进步的世界观，能保证我们不走歪路、不走邪路、不走迷路。

（一）个人成长的根本指南

未经思考的人生，不值得一过。人一思考，就不得不遭遇"我是谁？""我从哪里来？""我要去哪里？"的哲学终极拷问。个人是社会的细胞，也是从事认识和改造世界的实践活动的最基本的主体，一切社会发展和人类进步最终都依赖于并体现为社会个体的健康成长及其人生价值的实现。而个人的健康成长和人生价值的实现是离不开科学理论的指导作用的。每个人在其成长过程中总是力求探究现实世界的本质和规律、追问人生的意义和价值、寻求治国处事的韬略和良策等，这就需要有一种理论能对之作出科学的解答和指导。

在人类思想史上，各种思想流派、哲人巨匠提出了诸多宝贵的思想指南，如何在林林总总的哲学王国中找到自己的精神

向导，以此作为自己的行动指南，马克思世界观给我们提供了答案。马克思世界观正确揭示了客观世界的本质和规律，科学破解了人类历史发展之谜，深刻阐明了个人和社会的辩证关系，为个人成长提供了科学指引，成为个人健康成长和实现人生价值的根本指南。

首先，马克思世界观开宗明义强调，物质决定意识，意识可以反作用于物质。他要求人们的实践活动都要坚持物质第一性，客观看待世界。可以说，马克思的唯物论思想是对唯心主义最彻底的打击，对人们的思考方式、实践方式都产生了革命性的影响。人生是一个实践的过程，而实践的前提是认识世界。有人把实践建立在"想当然"的基础上，因此有了空中楼阁这样的闹剧；有人把实践的成败寄托给"神仙魔法"，于是有了邪教这样的社会毒瘤。可见，认识的偏失直接导致实践的失误。好在，马克思世界观用强有力的证据向人们展示了科学的认识方法。他告诉人们，这个世界是物质的，没有神仙魔法，要改变世界，要完善人生就只能靠自己去实践。正如《国际歌》所唱的："从来就没有什么救世主，也不靠神仙皇帝，要创造人类的幸福，全靠我们自己。"因此，一个头脑清醒的人，才会有能力科学地规划自己的人生；而清醒的标准是什么？是能看清世界的本质，正确认识自我。

其次，马克思世界观不是朴素的或形而上的唯物论，而是辩证唯物论，唯物辩证法在马克思那里被运用得"出神入化"。

他不但指出事物的联系，还提出科学的方法论。中国革命的胜利，社会主义建设特别是改革开放 40 年来中国特色社会主义的伟大成就，均表明唯物辩证法具有强大的战斗力和生命力。对人生而言，辩证地看待人生，规划人生也极为重要。比如，对于正处于青年阶段的广大学生来说，要知道自己所面对的主要矛盾是学习；在学习的过程中，要学会抓住知识的重点；学科之间要统筹兼顾，清楚不同学科，不同知识点之间的联系，还要有举一反三的创新能力和发散思维。毋庸置疑，生活里处处都是哲学，处处都有辩证法。

再次，马克思世界观有助于塑造健全人格。马克思认为，人民群众是历史的创造者，人生的真正价值是贡献。历史也证明，任何违背人民意愿，损害人民利益的行为都会被人民的力量所消灭。因此，马克思主义教会我们如何去做一个有价值的人，如何去实现人生价值。作为一名普通的公民，要经常思考"不要先问祖国给了我什么，先问问自己为祖国做过什么"。当我们这样或那样抱怨社会时，有没有问过自己的责任？如果一个人的人生追求只是为了自己的功名利禄，这样的人生还算有意义吗？古往今来，死去的王侯将相多的是但能被人记起的又有几人？能被人们记住的是大义凛然的民族英雄，是甘于奉献的正人君子。

马克思世界观是赋予人生以目的和意义的世界观。马克思世界观是人类心灵深层的伟大创造，其主旨在于使人的精神境界不断地升华，在精神境界的升华中崇高起来。马克思世界观的修养与创造，是人们追求崇高的过程，也是让人们自己崇高起来的过程。钱学森曾在一封信里说，马克思主义哲学对他的工作和生活都起到了很大的指导作用。由此可见，一个懂得规划人生的人，就要辩证地看待自己的人生，为人生的不同阶段制定不同的目标，在不同人生的环境里用不同的方式自我发展。

（二）无产阶级政党治国理政的指导思想

一般来说，无产阶级政党都是以马克思主义世界观作为自己的指导思想的，马克思主义哲学成为各个国家无产阶级政党的世界观和方法论基础。马克思早就指出了它们之间的天然联系，"哲学把无产阶级当做自己的物质武器，同样，无产阶级也把哲学当做自己的精神武器"。中国共产党作为无产阶级政党，必须坚持马克思主义世界观的指导地位。只要党的性质不变，马克思主义世界观的指导地位就不会改变。特别是在国际形势风云变幻的今天，以美国为首的西方资本主义阵营一直没有放弃对我们的"和平演变"策略，采取各种手段对我国的经济、政治、文化等方面进行全面的渗透和颠覆。马克思主义世界观关于人类社会历史发展规律的揭示，关于阶级、政党和国家政权的理论等，对于我们廓清迷雾、认清形势、稳住阵脚，对于制定和实施正确的路线、方针、政策和有效地维护国家利益，对于反对资产阶级自由化思潮等，都具有重大的指导作用和现实意义。

（三）中国特色社会主义建设的思想罗盘

社会主义、共产主义和马克思主义世界观具有天然的联系。人们之所以坚持和发展社会主义，就是根据唯物史观所揭示的人类社会历史发展的客观规律和必然趋势而作出的慎重选择。

社会主义是比资本主义更高类型的社会形态，具有更强的优越性和生命力。人类社会经由社会主义的发展和过渡而进入共产主义社会，最终实现世界大同，这是马克思对人类社会发展趋势的深刻洞见和美好设想。所以，学习马克思世界观，有助于坚定人们对社会主义的信念，增强对社会主义发展的信心。当今世界的社会主义国家都不是按照马克思、恩格斯的设想而建成的，即都不是建立在对发达资本主义国家的经济、政治、文化、社会、生态等各种物质的、精神的财富积累进行吸收和改造的基础上，因而社会主义的发展基础薄弱，还显得很幼稚、不成熟，其优越性远远没有发挥出来。所以，对于社会主义及其发展，最重要的就是要站得高、看得远，对其保持热情和信心。

更应看到，不同国家、民族的社会主义建设，其道路和模式也应有所差别，不能千篇一律。关于社会主义建设的一般指导原则和具体应对措施，在马克思主义关于矛盾的普遍性和特殊性原理、质量互变规律、社会有机体理论、社会发展的基本矛盾和基本动力理论等论述中，都可以找到依据，用于指导中国特色社会主义建设的伟大事业。所以，坚持马克思世界观，对于我们坚定中国特色社会主义道路自信、理论自信、制度自信、文化自信，对于实现全面建成小康社会、实现中华民族伟大复兴的中国梦，都具有深远的理论意义和现实意义。

经过长期努力，中国特色社会主义进入了新时代。习近平强调："新时代中国特色社会主义是我们党领导人民进行伟大社会革命的成果，也是我们党领导人民进行伟大社会革命的继续，必须一以贯之进行下去。"作为马克思主义的忠诚信奉者、坚定实践者，当代中国共产党人要认真学习贯彻习近平新时代中国特色社会主义思想，高扬革命精神，焕发革命斗志，众志成城地进行具有许多新的历史特点的伟大斗争，战胜一切艰难险阻去夺取新时代中国特色社会主义事业新胜利。我们党要领导人民推进伟大社会革命、实现民族伟大复兴，必须发扬自我革命精神，深入推进全面从严治党，坚持把党的政治建设摆在首位，坚持和加强党的全面领导，坚决维护党中央权威和集中统一领导，做到坚持真理、修正错误。重点解决党内出现的新问题，着力解决好人民群众反映强烈的形式主义、官僚主义问题，一些干部不敢为、不愿为、不会为的问题，一些基层党的建设弱化、虚化、边缘化的问题，确保党永葆马克思主义政党本色、始终走在时代前列。

（四）批判资本主义社会的理论武器

"批判的武器当然不能代替武器的批判，物质的力量只能用物质力量来摧毁；但是理论一经群众掌握，也会变成物质力量。"

只要资本主义社会还存在，对其的批判和反思就不能停止，马克思世界观是我们批判资本主义社会的理论武器。与早期资本主义社会相比，当代资本主义呈现出许多新特征。但运用马克思世界观依然能够准确地揭示资本主义社会的基本矛盾、资本运行的规律，深刻地剖析当代资本主义新特征。

在以资本主义世界为主导的历次科技革命的带动下，资本主义社会出现诸多积极的变化，特别是在以纳米科学、生命科技、信息科学和认知科学为龙头的第五次科技革命的影响下，资本主义世界出现了诸如劳动生产率极大提高、经济结构发生重大调整、资本形态出现深刻变化等现象，马克思预言的资本主义在 19 世纪灭亡也并未实现，但这丝毫不影响马克思主义理论对揭示资本主义社会固有矛盾分析的正确性。首先，资本主义社会出现的诸如资本社会化、所有权与经营权分离等变化并没有超出马克思、恩格斯的科学预测，正如他们所说的那样，"无论哪一个社会形态，在它所能容纳的全部生产力发挥出来之前，是决不会灭亡的"，资本主义社会的这些新变化正是在释放其所能容纳的全部生产力。其次，资本主义社会的这些变化并不是全局性的、根本性的，资本主义社会发展的主要动力来源于科技革命而不是资本主义制度，若这种技术的进步加之于另一种社会形态之上，由于摆脱了资本主义社会的固有矛盾与经济危机的波动，将取得更大的成就。再次，资本主义社会生产率的提高、社会财富极大增加、人民民主的发展，将为资本主义社会向按需分配、人自由全面发展、消除资本的社会主义社会转变提供必要的条件，促进"两个必然"的实现。

通过分析马克思对资本主义社会的总的观点和根本看法，结合当今资本主义社会发展现状，当今世界虽不同于马克思时代的世界，但我们可以坚信，资本主义社会生产的社会化与生产资料私人占有制之间的固有矛盾并未消失，资本主义的本性是不会改变的，人类追求和平与发展的趋势是不可逆转的，人的全面发展和全人类解放的主题是永恒的。当今世界，推进人类进步事业更需要马克思主义，更需要马克思创造的"伟大的认识工具"，更需要当代中国马克思主义、21世纪马克思主义。拥有习近平新时代中国特色社会主义思想这一强大思想武器，为人民谋幸福、为民族谋复兴、为世界谋大同、为人类求解放的中国共产党任重道远、前景光明。

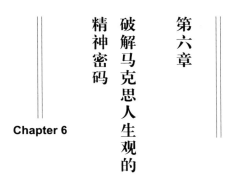

第六章

破解马克思人生观的
精神密码

Chapter 6

　　人生观是人们在实践中形成的对于人生目的和意义的根本看法。它决定着人们实践活动的目标、人生道路的方向，也决定着人们行为选择的价值取向和对待生活的态度。每个人的人生观在不同时期会发生变化，而这种变化的外因是变幻莫测的世界导致人的直觉和感受发生变化，从而产生人生观错位等。关于人生的追问，数千年来一直困扰着人类，在历史长河里一直被人们思索和找寻着答案。古今中外，哲学和社会科学思想都围绕着人与客观世界以及人类社会来展开，人的学说是以往的思想发展的核心。在中国古代思想中，包含着大量有关何谓人、人性和人的行为规范等方面的思想。在西方，古希腊哲学从人的生存环境出发探讨外部世界的本原问题，经中世纪到近代文艺复兴、启蒙运动，开启对人本身的问题研究，引发近代哲学的认识论转向。然而，随着自然科学的兴起，分析的方法以及机械主义的认知结构，造成人在外部世界中的式微。正如马克思在《关于费尔巴哈的提纲》中所言，包括费尔巴哈的唯物论在内的所有以往的唯物主义都只看到了直观的物质世界，而真正地从人即主体的视角出发，从感性的人的活动出发来理解外部世界的方法却被忽视了。正因如此，马克思宣称一种实践的唯物主义来终结旧的唯物主义。

当然，马克思不像萨特、海德格尔专门探讨人的存在及其本质和生存论问题，他没有专门针对人生观提出所谓人生哲学。但这并不能就此否认一个事实：在马克思哲学中包含着丰富而深刻的人生哲学思想。相反，马克思在其哲学与社会批判中阐述了很多人的生存问题；在其著作中，以人的自由全面发展为核心，展开了哲学批判和政治经济学批判。正因如此，我们很有必要破解马克思人生观的精神密码。

一、概括马克思的人生观总论

马克思终其一生都在理论和现实上追求人类的解放，人的自由全面发展是马克思、恩格斯所创立的思想中最为重要的问题。在《共产党宣言》中，他们旗帜鲜明地提出了对人的理想定位——"代替那存在着阶级和阶级对立的资产阶级旧社会的，将是这样一个联合体，在那里，每个人的自由发展是一切人的自由发展的条件"。应该说，这是马克思的人生观总论。

首先，马克思把每个人的自由发展看成是人的发展目的。主张消灭资本主义社会关系，实现人的如下目标状态："代替那存在着阶级和阶级对立的资产阶级旧社会的，将是这样一个联合体，在那里，每个人的自由发展是一切人的自由发展的条件。"这句话包含三层意义。

一是人的真正发展是指人的本质和特征能够真正得到充分发挥与发展。自由是指这种发挥和发展，不是出于生存的逼迫或社会关系的强制，而是人以自己占有和享受自己的全面本质为出发点和归宿的。

二是马克思讲的是个人的自由发展，这种发展必然导致强调人的自由个性。这正是对人的个性差异性的肯定，它使人性丰富多彩地展现出来。强调人的自由个性，也是对个体在其发展过程中进行选择的自主性的肯定。这就是说，个人的发展是一种以个人为主体的自觉、自愿、自主的发展。

三是每个人的自由发展都是互为前提的，直接针对的就是资本主义社会将多数人的牺牲作为少数人享乐的条件。同时，旨在表明这种自由发展是人人平等、没有例外的。每个人的自由发展是一切人的自由发展的条件，是人的发展的最高阶段和最高追求。

其次，每个人的自由发展内在包含人的全面发展，即这种自由发展不是片面发展，而是全面发展。马克思一向认为，人的全面发展与人的个性发展是相容的。他谈到即使在一定的社会关系里，每一个人都能成为出色的画家，但这决不排斥每一个人也成为独创的画家的可能性。马克思还指出，全面发展的个人应当是"用那种把不同社会职能当作互相交替的活动方式的全面发展的个人，来代替只是承担一种社会局部职能的局部个人"。这是全面发展的人的活动方式。

最后，每个人的自由全面发展是社会发展的最终目的。资本主义走向灭亡、无产阶级革命取得胜利的必然结果，是人类社会发展的终极目标，充分体现了人类发展的必然趋向。自由的充分实现和人类的彻底解放，是人类从必然王国飞跃到自由王国的标志，也是自由和解放的最高境界。但是，个人的自由发展又必须依赖于集体的行动和社会的发展与解放，只有通过集体行动，只有社会的发展与解放，个人的自由发展才是可能的。同样，个人的自由发展依赖于社会关系和社会制度的变革，而这种变革只有通过集体、阶级的行动才能实现。社会不解放，个人就不能自由。只有共产主义社会，才是"个人的独创的和自由的发展不再是一句空话的唯一社会"。正是由于社会的解放是个人自由全面发展的前提条件，所以马克思把目光重点投向变革社会制度，解放全人类上面。马克思之所以把其学说最后落实到社会解放，即人类解放的科学社会主义上面，正是为了解决每一个人的自由全面发展这一核心问题。

二、认识马克思人生观的本色风采

"一个幽灵，一个共产主义的幽灵，在欧洲徘徊"。《共产党宣言》发表170年来，马克思主义在世界上得到广泛传播。在人类思想史上，没有一种思想理论像马克思主义那样，对人类产生如此广泛而深刻的影响。它的创立者马克思何以一生"开挂"，这自然离不开他人生理想的指引。问题就在于，这种人生理想何以形成？

（一）在早期生活中萌发——从浪漫中来

马克思丰富的人生观思想，有其浪漫主义色彩。这一思想基础，奠基于他早期思想中的理想主义的人生追求。马克思出生在一个当时比较殷实的律师家庭。受家庭环境影响，马克思进入大学后就读法律专业，而非哲学专业。然而，这并没有让马克思走向律师行业，却是其内在的浪漫主义情怀改变了他的人生诉求。

这一人生价值上的观念，早在马克思中学阶段开始形成。他这一充满理想主义色彩的人生观，与其早期家庭生活、中学生活和大学生活所受到的浪漫主义思潮的浸润密切相关。这是他萌发为人类福利而工作的重要因素。在当时，青年马克思直接面对的是18世纪到19世纪的德国浪漫主义思潮。

特里尔城曾一度浸润在言论自由和立宪自由的氛围中。1830—1835 年，马克思在特里尔读中学时就接受了德国启蒙运动和古典时期的人道主义理想观念。1835 年 8 月，其高中毕业作文《青年在选择职业时的考虑》表现出一种纯粹的、年轻的理想主义。对于如何选择职业，他并没有从人的生存可能会遇到的现实问题出发。也就是说，他没有在做职业选择的过程中考虑过多的现实生存问题；相反，他从人的生存理想境遇中，生发出有关职业选择的考虑。他的老师认为非常好，并指出马克思"过分追求非常精致的形象表达"，这似乎是马克思以后的浪漫诗歌中的一个特点。

后来，马克思的岳父冯·威斯特华伦对他产生了直接的浪漫主义影响。他给马克思灌输浪漫主义学派的热情，伏尔泰、莱辛、荷马和莎士比亚等人的文学作品成为马克思的爱好。马克思把冯·威斯特华伦看作是"父亲般的朋友"，把自己写于1841 年的博士论文献给他，并说"理想主义不是幻想，而是真理"。当然，更重要的在于法国大革命和启蒙思想从政治上和思想上深刻地影响了德国浪漫主义。尤其是随之而来的拿破仑战争，尽管以理性、和平、自由、平等为既定目标，但并没有让人们看到现实生活与这些目标的接近，反而让人们见到了暴力、流氓般的非理性行为，以及没完没了的专制独权斗争。德国人的民族情感的创伤，滋养了浪漫主义思潮和民族自尊感，人们用形形色色的思想来表示自身的理想和对落后封建制度的反抗。

1841 年，马克思完成博士论文《德谟克利特的自然哲学和伊壁鸠鲁的自然哲学的差别》。后人因此认为，马克思对希腊文化的研究为其浪漫主义奠定了基础。但事实上，马克思在这条浪漫主义的道路上走得并不顺利，诗歌的创造并没有得到包括其父亲在内的广泛认同。马克思也对自己的作品失去信心，有意识地将这种浪漫主义的扬弃作为自我意识确立的必经之路，并体现在他的博士论文和 1842 年的评论文章中。

（二）在哲学批判中形成——到现实中去

马克思著作中最常见的两个字就是"批判"。批判首先是自我批判：战胜自我、革新自我、完善自我。浪漫主义的虚无感并没有给予现实以任何可靠的承诺，当浪漫的理想在现实面前触礁时，它便碎成一地，一文不值。因此，现实问题批判使马克思逐渐开始对自身浪漫主义的清算。这种批判，促成马克思从事人类自身幸福事业和自我的完善。这一次，他不是通过选择一个有"前途"的职业实现的，而是对在思想上空洞说教的唯心主义哲学的批判，对压迫人、奴役人的社会制度的无情的批判中实现的。

首先，突破青年黑格尔派的思想束缚，从社会存在本身考察社会意识。与旧的唯物主义相比，近代的唯心主义哲学特别是与马克思同一时期的青年黑格尔派思想更多地关注到了人自身、人的精神的力量。青年黑格尔派没有硬搬黑格尔的绝对精神的理论学说，而是抓住黑格尔唯心主义思想的实质，从中挖掘出作为其理论基础的自我意识、主观精神。青年黑格尔派虽然看到尘世的现实世界与哲学理念间的差异，但他们只是局限于精神领域的主观构想，不能从现实社会的批判入手，分析产生这种分离的社会根源。与此相对，马克思早在《莱茵报》做编辑期间就深入到社会生活本身，从林木盗窃法的现实反思到摩泽尔河畔葡萄种植农民生活境遇的实际考察，他就意识到现实的物质生活与主观的精神境界之间的辩证关系。通过现实的反思与批判，马克思找到了理解与分析的关键：将思维的、观念的东西拉回到现实的社会生活本身加以考察。换言之，现实的经济利益上的差异是形成观念上的不同的根源。这奠定了马克思唯物史观形成的思想基础，也构成马克思人生观思想的根基。

在对现实生活的分析与反思中，马克思开始对以黑格尔为代表的唯心主义哲学的"拨乱反正"。黑格尔哲学以绝对观念为起点，将包括自然界、人类社会在内的所有外部世界，都规定为这种绝对观念的不断外化的结果。在社会历史领域，它体现在国家对市民社会的统治。而马克思发现这种自上而下的统治，忽略了国家赖以产生的现实根源，即现实的经济生活本身。市民社会是以资本为核心的资本主义社会在马克思思想中的早期映象，它在本质上是人类的社会生活的具体体现。市民社会中的一切社会现实，是人们的观念乃至这种观念，在统治方式上

第六章
破解马克思人生观
的精神密码

173

的最高反映的政治思想形成的物质基础。市民社会的现实运行产生了相应的政治与国家的观念；反之，国家的产生及其现实表现正是为了适应市民社会现实发展的需要。在这种意义上，马克思纠正了黑格尔的国家决定市民社会的思想错乱，代之以市民社会决定国家这一唯物主义的社会历史观念。也就是说，人以及人的现实生活，决定了与其相适应的政治组织与管理方式。

其次，马克思借鉴费尔巴哈的人本学唯物主义，用一种"类本质"的思想来分析人的生活，《1844年经济学哲学手稿》正是这一时期的重要文本。在该文本中，马克思指出人的类本质活动即生产劳动。在现代社会境遇下，人的这种类本质却成为人不断走向异化的来源。他通过政治经济学的批判，揭示出现代生产条件下，人的劳动不断成为异于自身的活动。首先体现在活动的直接结果，即劳动产品同人相异化。当然，这是由资本主义社会特定的生产资料所有制关系所决定的。在这一社会前提下，人的生产劳动进一步导致人同人的活动，乃至人与人、人与其类本质的异化。因此，通过对人的异化生存状态的揭示，马克思更进一步深入到社会的现实批判本身。

再次，马克思在《关于费尔巴哈的提纲》中指出，以往的哲学家更多地致力于认识世界，而哲学的真正问题在于改造世界。哲学应该为人类所掌握，用来改造现存世界。在创立唯物史观的过程中，马克思对曾深刻影响他的旧哲学作了无情的批判。就此，他运用理论真气打通任督二脉，与旧哲学彻底决裂。早期的一系列重要文本，如《黑格尔法哲学批判》《神圣家族》《哲学的贫困》等，都是这一时期思想的重要结晶。

在《德意志意识形态》中，马克思就人的需要对于人的发展的重要性有着充分认识，但他也注意到需要对于社会条件的依赖性。比如，一切人类生存的第一个前提，也就是一切历史的第一个前提，这个前提就是：人们为了能够"创造历史"，必须能够生活。但是为了生活，首先就需要吃喝住穿以及其他一些东西。因此第一个历史活动就是生产满足这些需要的资料，即生产物质生活本身。需要的发展，是"人的本质力量的新的证明和人的本质的新的充实"。人的发展与人的需要的发展存在非常大的正相关关系。但是，马克思在批判资本主义社会时指出，资本主义社会本质决定了它必然要不断唤起人们的某些不必要的，促使人们堕落的需要，因此需要的发展决不是满足任何需要，而是引导人们需要的发展，使得人们需要的内容在质量上得到提高。

（三）在资本批判中完善——打破旧世界

没有用现实丈量理论的人，没有把彼岸世界与尘世生活结合在一起的人，便不能成为一个真正的智者，甚至不可能是一个现实的人。因为这样片面的人，对于世界也不可能采取唯物主义的立场和态度。马克思对人生的理解，没有停留在哲学批判的圈子里，而是回归尘世，进一步反思与批判资本主义社会现实，进而批判人的生存境遇的现实。

马克思生活的时代，车马很快，书信不远，却将其一生的大部分时间都用来做一件事：对资本主义社会进行现实批判。

马克思从人类的物质生产实践出发，反思资本主义社会用以剥削人、压迫人的实质，从而与离开社会生活进行社会批判的抽象方式区分开来。在社会批判过程中，他阐述了人的本质、人的异化等丰富的人生哲学思想。

在唯物史观创立后，马克思在其后来的大部分时间内，都进行着资本主义社会的批判分析。这主要表现为，马克思政治经济学批判的大量文本的出现。马克思进行资本主义社会批判的理论，建立在他对社会结构的科学把握的基础上。

首先，在《〈政治经济学批判〉导言》中，马克思阐述了其对社会结构的总体思考。他指出，人类的生产活动产生了生产力与生产关系的分殊。生产力即人类生产活动所代表的人类改造世界的能力，它是社会发展的现实的物质力量。另外，人类生产活动区别于动物的本能行为的重要方面，体现于人们在生产活动中产生了不依赖于人的生产关系。生产关系，即人们在生产过程中结成的人与人的关系。这种关系是社会形态或社会制度，在生产过程中的具体体现。一定社会的生产关系构成该社会的经济结构，即现实的经济基础。以此为基础，建立了该社会的政治以及观念的上层建筑。上层建筑在社会的政治及观念层面，或快或慢地反映了该社会的经济结构。同时，对于社会来说，它的物质存在状况决定了该社会下的人们的特定观念。因此，社会现实的变化也必定影响到该社会的意识结构。而当社会的一定生产力与生产关系，以及经济基础与上层建筑随着现实的不断发展发生了相互冲突，或后者的发展不再能适应前者的不断进步的时候，社会革命的时代便已到来。社会力量会通过革命的方式改变现有的经济结构，用新的更能适应社会生产的方式来代替原有的经济结构。总之，社会结构上的发展、变化在根本上是为了更好地适应、推动生产力的发展。换言之，在社会发展诸要素中，生产力是先天的、内生性的动力源泉。这便是马克思对社会结构的总的看法和根本观点。

其次，在资本主义社会中，不断发展的生产力借助于最初的原始积累获得原初动力。原始积累的一个体现，便是所谓"羊吃人"的圈地运动。圈地运动为资本主义生产的发展，提供合适的社会环境。通过该运动，之前社会的生产发展所借助的劳动因素被分离。具体来说，圈地运动造成劳动者与其劳动资料的首次分离。这为资本力量在社会范围内的实施，提供了物质前提。另外，资本主义的原始积累所累积的不仅是生产力的现实发展要素，在社会生活层面，它也累积了资本主义社会的生产关系。通过圈地运动，封建社会的劳动者成为新的社会条件下的"自由"的劳动力因素，这一因素成为日后阶级分化的一个方面。与这一方面相对应的，资本的占有者成为与他相对立的另一阶级。所以，在原始积累阶段，资本主义的生产关系，即资产阶级与无产阶级也不断产生，并且随资本主义生产的推进，社会的不同群体、不同阶层，都简单化为资本阶级和无产阶级这两大对立的阶级。因此，原始积累归根结底是现实的劳动因素，换言之，现实的人的因素的积累。

马克思在资本逻辑批判的基础上，深刻地揭示了机器生产时代人的这种异化状态的更进一步发展。在《1861—1863 年经济学手稿》中，马克思具体分析了机器的应用给人的生存带来的全面异化状况。在机器大工业时代，机器能够将包括水、风等自然资源纳入资本的生产过程，把它们作为生产的具体要素予以吸收。同时，劳动也只是作为机器的某一环节加以利用。与此相应，劳动者的体力、技能等本质性因素都被机器所取代，这些本质性内涵与劳动者相分离，而作为人的积极存在的时间与空间，都成为劳动者的外在决定因素。劳动者的划分不再需要特定的技能，只由时间来划分。半日工、全日工便是劳动者的所有属性。而空间的因素也脱离了劳动者现实的生产场域，劳动者在机器所规定的空间中实施简单的操作，劳动者沦为机器的附庸。这是现时代劳动资料对劳动者的再次脱离。然而，与原始积累阶段的那种简单脱离不同，这次脱离带来的是劳动者生存境遇的全面异化。

因此，随着资本主义生产的不断推进，劳动者越来越丧失对其本质活动，即生产的控制。换言之，劳动者的本质活动，越来越成为与他自身相对抗的反本质行为。与人的异化相适应，人越来越片面化、越来越不自由。这种生存状态导致最终的反抗行为的产生。这便是革命时代到来的内在机理，也是马克思提出作为人的全面而自由发展的社会状态，即共产主义社会产生的原由。马克思曾提出社会发展的"三形态"说。他认为按照人的发展尺度，人类社会形态可以划分为以人的依赖性、以物的依赖性为基础的人的独立性，以及人的全面而自由发展等三种形态。当资本主义社会生产导致对物的依赖性基础上的人的独立性发展到一定程度，便有了进一步走向全面而自由发展的社会前提。

因此，马克思的哲学批判与政治经济学批判，在人的存在本质上有共同的思想前提：以实现人的全面而自由发展为价值旨归。这一价值追求，也是马克思在青年时期人生理想的进一步体现。与其他思想家不同，马克思并不抽象地谈论人生价值、人生追求，而是将这一问题的探讨与现实社会批判相结合，从社会现实角度挖掘这一价值追求实现的现实途径。

三、理解马克思人生观的丰富内容

马克思对人生价值的理解，成为我们理解马克思人生观的指导思想。正如马克思在《德意志意识形态》中所指出的，"发展不断地进行着，单个人的历史决不能脱离他以前的或同时代的个人的历史，而是由这种历史决定的"。人生观总是和人们所生存的特定社会现实有着直接关联，并且社会现实的发展必定会带来人生观念上的发展。他的人生观在具体方面，如职业观、婚姻观、金钱观上各有不同体现。

（一）马克思的职业观

马克思的人生价值在职业选择及追求中有特定表现。早在高中毕业文章《青年在选择职业时的考虑》中，他就立志要为人类的幸福及人类自我的完善而奋斗。在该文中，他种下了"最能为人类福利而工作"的理想种子。在马克思创立唯物史观后，这种职业理想在他的著作当中有非常突出的体现。

在考察资本与劳动的关系时，马克思指出在资本主义社会，劳动受到资本的无情奴役，这是由资本主义生产时代的特定状况所规定的。《共产党宣言》里，马克思、恩格斯表述了劳动的存在形式以及劳动者存在状况的历史性特征。他们指出："在资产阶级社会里，活的劳动只不过是增殖已经积累的劳动的一种手段。在共产主义社会里，已经积累的劳动只不过是扩大、丰富和促进工人的生活过程的一种手段。"他们将资本主义社会和社会主义社会中劳动存在的具体形式进行了本质分析。在资产阶级社会中，由于生产资料归资本阶级所占有，工人被迫出卖自己的劳动力，并且在劳动过程中出现了剩余劳动，这一部分劳动是为资本家所无偿占有的。所以活劳动只是由死劳动所支配，成为死劳动用来发展自身、繁殖自身的工具。正是由于这种对立状态，马克思看到资本主义生产所内在的矛盾，这种矛盾将导致它最终为新的更加合理和自由的社会形态所代替。这种新的社会形态，就是共产主义社会。在共产主义社会中，劳动受到压制的状况得到根本解决，劳动者可以从事各种自己想要从事的工作。劳动成为主体自身发展、主体本质体现的活动。劳动构成人自身生存和生活的本质活动，在劳动中人真正体现为作为社会主体的存在。

通过这种对比分析，马克思揭示出人的劳动在本质上的历史性特征。这种对于资本和劳动的具体分析，对马克思的职业观产生非常重要的影响。马克思一生没有像普通人那样，为谋求生计而屈从于特定生产机构，他所从事的是超越于那个时代的事业，即对社会现实的批判。通过批判分析，马克思想要为实现他理想中的生活做出贡献。在《德意志意识形态》中，马克思阐述了他对未来社会中人的生存状态的理想："在共产主义社会里，任何人都没有特定的活动范围，每个人都可以在任何部门内发展，社会调节着整个生产，因而使我有可能随我自己的心愿今天干这事，明天干那事，上午打猎，下午捕鱼，傍晚从事畜牧，晚饭后从事批判。"人从现代生产的独特分工中脱离出来，成为可以支配自己劳动的真正的自由人。而一切原先"统治我们的、不受我们控制的、与我们愿望背道而驰的并抹煞我们的打算的物质力量"，总之一切与主体及其发展相违背的东西都将随着社会历史的发展不断被克服。

（二）马克思的婚姻观

马克思的人生观在他对于婚姻、爱情及家庭的观念上，有非常突出的表现。

每一个伟大的男人背后，都有一个伟大的女人。对马克思而言，这个伟大的女人便是燕妮。马克思的爱情，是历史上为人所期望的崇高爱情的典范。马克思和燕妮之间的爱情发展过程，并非一帆风顺。起初，他们的感情受到他人的反对，但相互间真挚的爱，让他们最终走到一起，这一走就是终生。

在柏林大学期间，马克思把自己的炽热感情化作诗的语言，倾注于献给燕妮的三大册诗集中。这些诗篇，从艺术上看算不得上品，从语言上看未必成熟，马克思后来也对它们持自嘲态度；却洋溢着对燕妮的真挚爱情，反映出年轻马克思的情感世界。

在一首诗中，他自信地写道：

燕妮，任它物换星移，天旋地转，

你永远是我心中的蓝天和太阳，

任世人怀着敌意对我诽谤中伤，

燕妮，只要你属于我，我终将使他们成为败将。

在另一首诗中，他不安地问道：

燕妮！你会不会犹豫动摇，畏缩不前？

你那崇高的心灵会不会因害怕而震颤？

爱情是铭心刻骨的思念，

而痛苦只是转瞬即逝的云烟。

在结成家庭特别是 1848 年后，马克思的生活陷入困境，这种状况甚至直到马克思逝世前，都没有在根本上得到改变。除此之外，马克思还经常因为对社会现实无情的揭露与批判，不得不流离失所、辗转于各地之间。在整个过程中，燕妮没有丝毫放弃马克思的念头，她紧紧跟随马克思，并在学术上试图和马克思保持一致。在马克思的影响下，燕妮甚至去翻阅、学习黑格尔等一批哲学家的著作。因此，他们的爱经受住了现实的考验，成为人类爱情的典范。

马克思与燕妮的爱情故事，充分展现真正的爱情是不为社会现实所左右的，爱情容不得物质利益的侵蚀。马克思还认为，真正的爱情不是不达目的决不罢休的流氓式的追求。1866 年 8 月 13 日，马克思写给拉法格这位当时其女儿的追求者的信中，他指出，"在我看来，真正的爱情是表现在恋人对他的偶像采取含蓄、谦恭甚至羞涩的态度，而绝不是表现在随意流露热情和过早的亲昵"。爱情是浪漫的，但绝不意味着随便；相反，真正的爱情需要经过审慎的、理性的思考，爱情的举动要展示出谦逊与和睦。因此，他非常严肃地指出，"您应该在考虑结婚以前成为一个成熟的人，而且无论对您或对她来说都需要长期考验"。可见，马克思对待爱情是非常审慎的，因为爱情是婚姻的前站，美好的爱情是有一个好的婚姻归宿的前提。所以从爱情观上，我们可以看出马克思一贯的理性与审慎。

（三）马克思的金钱观

马克思所生活的时代，是个由金钱、货币所统治的时代。他对当时的时代特征，给予非常充分而深刻的反思与批判。在资本生产的时代，到处都可以看到各种形式的拜物教。社会生产的现实状况，给人们思想观念带来极大冲击。人们都视钱财如生命，为了钱财，一切田园诗般的、温情脉脉的人间情感都被葬送了。"资产阶级撕破了笼罩在家庭关系上面的温情脉脉的纱幕，把这种关系变成了单纯的金钱关系。"与这种时代条件截然不同的是，马克思对于金钱却有着独有的超越视野。

第一，"物欲横流，方显精神本色"，马克思在批判商品拜物教中表明自己的人生追求。马克思生活的时代，是近代工业革命不断取得重大突破、资本主义经济日新月异的时代，实现了"人的依赖性"到"以物的依赖性为基础的人的独立性"的转变，但它离消灭分工的理想社会还有很大的距离。不可否认"物的依赖性"创造巨大的社会财富，满足了人民的生存、发展和享受需要，但也成为影响人们认识、实现人生价值的惰性力。

在以私有制为基础的商品经济中，人与人的社会关系被物与物的关系所掩盖，从而使商品具有一种神秘的属性，似乎它具有决定商品生产者命运的神秘力量。马克思把商品世界的这种神秘性比喻为拜物教，称为商品拜物教。在社会现象和社会关系方面，也存在着将这些现象和关系神化的情况。商品关系正是这样的一种社会关系。劳动产品本来是人创造出来的，但它一旦成为商品，人们在商品交换中相互交换活动的社会关系，就被物的运动关系掩盖了。商品在市场上能否卖出去，是否能从商品生产和交换中发财致富？这些不受商品生产者本人控制的市场关系，却对商品生产者的发财或破产起着决定性的作用。当人们还不能从物与物的关系后面，揭示出商品交换的社会关系的时候，就必然把商品关系神秘化，从而产生商品拜物教的观念。随着商品货币关系的发展，又从商品拜物教派生出货币拜物教。在资本主义商品经济条件下，进而产生资本拜物教。马克思不仅揭示了商品拜物教的来源，而且指明了商品拜物教消亡的条件。他认为，可以设想有一个自由人联合体，他们用公共的生产资料进行劳动，自觉地把他们许多个人劳动力当作一个社会劳动力来使用。在那里，"劳动时间就会起双重作用。劳动时间的社会的有计划的分配，调节着各种劳动职能同各种需要的适当的比例。另一方面，劳动时间又是计量生产者个人在共同劳动中所占份额的尺度，因而也是计量生产者个人在共同产品的个人消费部分中所占份额的尺度。在那里，人们同他们的劳动和劳动产品的社会关系，无论在生产上还是在分配上，都是简单明了的"。在那样的情况下，人与人的社会关系不再被物与物的关系所掩盖，商品拜物教将最终消亡。从马克思的论述中可以看出，商品拜物教的消亡，是同生产资料归全社会公有，联合起来的劳动者成为生产的主人，社会生产有计划地发展、劳动产品不再表现为商品等经济条件联系在一起的。人们过去认为，这些条件在社会主义社会就可以具备。社会主义社会的实践表明，这些条件只有在共产主义社会的高级阶段上才能充分具备。到那时，商品生产才会完全消亡，商品拜物教才会彻底消失。

第二，"穷且益坚，不坠青云之志"，马克思在颠沛流离的人生旅途中践行自己的人生追求。马克思一生的大部分时间都穷困潦倒，很难想象在出现生财之道时，他竟能不为之所动，毅然决然地放弃这种机会。1859 年，马克思在给魏德迈的通信中说，"由于需要抽出许多时间来研究我的政治经济学，不得不拒绝（虽然很不乐意）人们在伦敦和维也纳向我提出的收入极其可观的建议。但是我必须不惜任何代价走向自己的目标，不允许资产阶级社会把我变成制造金钱的机器"。这种在对待金钱上的态度，是与马克思的人生价值直接关联着的。与其去从事为了实现特定资本家赚钱的目的的工作，马克思宁愿放弃舒适的物质生活而保持一种精神上的自由。这在当时看来无法让人理解的举动，只有少数人才能真正体会。马克思放弃的根本原因在于他有更重要的事情需要去做，这就是进行资本主义社会的批判，而这从今天的视角来看，确实是马克思一生最重要的事业。马克思这种辛勤劳作也给他带来了巨大成果，这就是丰富而深刻的资本主义社会批判理论，这一思想硕果正是以马克思在物质上的极大匮乏为代价的。为实现精神上的完善，马克思宁愿放弃物质财富。"我已经把我的全部财产献给了革命斗争。我对此一点不感到懊悔。相反地，要是我重新开始生命的历程，我仍然会这样做。"

为了精神上的超越，马克思宁愿接受物质上的匮乏。在他看来，资本主义社会的劳动者和资产者们都无疑成为资本的雇佣。劳动者被迫受到来自资本的胁迫，为了维持生计，"他们不仅是资产者阶级的奴隶，不仅是资产阶级国家的奴隶，并且他们每日每时都受机器，受监工，首先是受各本厂厂主资产者本人的奴役"。与劳动者相对，资产者虽然在物质上拥有了资本，但他们只不过是资本的代言人，他们在某种程度上也只不过是资本实现自身的工具而已。马克思从根本上超越了资本主义制度，在精神上批判这种制度，同时在物质上也不愿与这种制度同流合污。因此，马克思要与那些只从现实考虑的人划清界限。"我嘲笑那些所谓'实际的'人和他们的聪明。如果一个人愿意变成一头牛，那他当然可以不管人类的痛苦，而只顾自己身上的皮。"

由于马克思对共产主义事业的卓越贡献，对地主、资产阶级无情揭露和批判，使得一切反动势力诅咒他、驱逐他。他不得不携持家小四处转移，其生活困难有时达到难以想象的地步。在反动统治者的迫害下，马克思不得不离开自己的祖国，终生漂泊国外。"我是世界公民"，这是马克思的名言，也是马克思革命流亡生涯的真实写照。由于马克思极其贫穷，为生活所迫，他曾多次迁居。1847 年 6 月，正义者同盟在伦敦召开了第一次代表大会。因为经济困难，马克思都未能出席。

四、把握马克思人生观的当今意义

马克思丰富的人生观思想，为我们清醒认识和对待当今社会流行的各种人生观念提供思想罗盘。

（一）指明人生目标——"役物而非役于物"

马克思是唯物主义者，不是其敌人所攻击他的那样——沉浸于物欲横流的世界。从马克思对拜物教的批判以及他穷困潦倒却矢志不渝的一生来看，马克思才是真正的"不役于物"，不被眼前的物质诱惑所奴役。《荀子·修身》有云："君子役物，小人役于物"，意指君子可以控制对物质的追求，小人只能被物质所左右。如此看来，马克思乃真君子也。

与马克思生活的时代不同，现代社会是个物质生产能力高度发展的社会。时下，马克思所探讨的拜物教观念在社会上表现得更加淋漓尽致。在物欲横流的现代社会，人们对于物质财富的欲望空前膨胀，当然其中包含消费主义意识形态操纵的影响，这种影响在现实生活中表现为人们对于财富、对于金钱如饥似渴式的追求。这种社会现实决定，包括人生价值、人生意义等在内的人生观的现代特征。在具体方面，人们习惯性地将金钱作为评判一切的尺度。比如，在职业选择上，不是从人类社会自身发展的角度而更多地考察自身的内在追求，特别是在薪金上的追求；在人生价值、人生意义上，往往将经济因素作为衡量个人发展的标准，同时在评判他人时看到的可能不是他的才能、道德修养，可能更多也是经济上的考量。

马克思人生观思想能让人们超越现实状况，为反思和批判社会提供思想指导。在现代社会，资本逻辑仍然支配着经济发展过程，物质财富的极大提升无法掩盖这一社会特征。现代人越是一味地追求物质财富，越是积极从事着消费的劳作，他们就越被深入地吸纳到现代生产体系，就越是沦为资本生产的工具。而现代人在人生观上的拜金主义、享乐主义倾向，正是资产阶级社会消费的意识形态作用的结果。这种意识形态通过现代媒介、现代广告的大幅宣传，在人们头脑中灌输一种通过消费便可以展示自身个性、展示自身独特品位的思想观念。这种思想观念已经深入到现代人社会生活的各个方面，诸如对金钱对职业选择等，这种意识形态对人的全面控制在现代社会已成为不争的事实。要从这种意识形态的操控中挣脱出来，我们必须将马克思用来批判现代社会的理论和方法，融入到当代发达资本主义社会的批判当中，用政治经济学批判来替代文化批判或意识形态批判，挖掘这些人生观念上歪曲看法出现的深层的经济根源和社会根源。用正确的人生观念来替代庸俗的拜金观念，实现在人生观上的升华。

（二）坚定人生态度——"要积极而不要沮丧"

在现实生活中，很多人特别是青年一代，在人生旅途中总要经历一些风雨，从唯物辩证法的角度看，这就是前进性与曲折性的统一。然而，一些青年缺乏持之以恒的信心和意志，虽然有拥抱大海的愿望，却缺乏独自航行的勇气，遇到一点风雨便踟蹰不前，到达不了彼岸。这不仅是一个理论问题，也是一个实践问题。

翻开 20 世纪 80 年代的史料，关乎青年命运最重要的文本便是著名的"潘晓来信"。1980 年 5 月，一封署名"潘晓"的读者来信"人生的路呵，怎么越走越窄……"，发表在《中国青年》杂志上。这封信用沉重、幽怨、郁闷、诚挚、激愤的笔触，抒写了人生痛苦与创伤，一经发表，立即引发一场全国范围内关于人生观的大讨论。从该年 5 月开始至年底，《中国青年》杂志社收到六万多封读者来信，社会各界尤其是高校对这一问题的专场讨论不胜枚举。通过对"潘晓来信"话语分析，能看到很多有意思的问题。一方面，否认自幼所接受的社会主义传统教育的真理性与合法性，"潘晓"也无法坚守她给自己划定的孤独的"心灵世界"。另一方面，"潘晓来信"试图对于一种正面的个人主义话语进行洗白和拯救，这种最终归于悖论的失败尝试，却凭借其"温情脉脉的面纱"而作为社会主义年青一代的面目出现，消解了社会主义新人的规定性和正当性。

　　从本质上讲，"潘晓"的困惑在于个人话语崛起后，却面临着当时社会对其压抑带来的困境。被赋予许多理想色彩的 20 世纪 80 年代，在其开端之时，便以这样一种迷惘、惶惑的姿态进入历史，这的确出乎很多人的意料。用王钦博士的话说，这就意味着——那些像"潘晓"一样"痛苦地"看到人生真相的孤独的个体，在他们从共同体的"骗局"中解放出来之后发现，自己只能等待着被资本的力量吸纳，面对市场的资本逻辑哑口无言。

　　"潘晓"困惑的根本，在 20 世纪 80 年代没有得到彻底解决，并在 90 年代后伴随商品经济大潮出现新的特征。很多人将"潘晓讨论"用"人生意义大讨论"的概念来解释，这没有什么问题，但后者的概念范畴更广阔。"潘晓"面临的具体问题或许早已不存在，但作为一种整体现象的人生意义争鸣始终存在。从狭义的"潘晓讨论"到广义的人生意义讨论，时代在变幻，但保持进取的人生态度不能变。正如当今网上的一句流行语：尽管"生活虐你千万遍"，依然要"对待生活如初恋"。马克思一生饱尝颠沛流离的艰辛、贫病交加的煎熬，但他初心不改、矢志不渝，为人类解放的崇高理想而不懈奋斗，成就了伟大人生。"既然选择了远方，便只顾风雨兼程"，唯物史观者不需要也不善于吹嘘个人的丰功伟绩，然而摆在事实面前的是，马克思积极进取的人生态度支撑着他的革命生涯，使他在最困难的时刻仍然不忘初心、继续前进。

（三）正确评价人生——"兼顾个人与社会"

正如《钢铁是怎样炼成的》主人公保尔·柯察金的名言："人最宝贵的东西是生命，生命属于我们只有一次。人的一生应当这样度过，当他回首往事的时候，不因虚度年华而悔恨，也不因碌碌无为而羞耻——这样，在临死的时候，他就能够说：'我的整个生命和全部精力，都已经献给世界上最壮丽的事业——为人类的解放而斗争。'"马克思人生观，对我们今天正确评价人生具有重要意义。

首先，马克思人生观认为个人具有双重属性，任何历史条件下的人都不是"纯粹"的个人。马克思认为，人是社会的存在物，始终处于一定的社会关系之中，人的本质是"一切社会关系的总和"，个人一旦离开社会就不能作为一个具有自身本质特征的"人"存在，更谈不上有何种人生价值。谈到价值，务必存在价值主体和价值客体两个方面，将人的价值置于社会环境中去考量。这一主、客体的设置有两点好处：其一，避免个人价值的极端推崇。过分强调个人的价值、个人的利益，忽视客体存在的价值，忽视社会的客观存在容易导致极端个人主义的盛行。其二，为人生价值的评价提供依归。人生价值不是孤立、抽象的概念，它是在社会环境中，人与人的关系中普遍存在的一种实在的价值。同时，正如自由不是绝对的而是相对的，人生价值受到客观存在的限制和约束，处于一个相对封闭的环境中，有利于衡量其确切的价值所在。

其次，马克思人生观所描述的人的价值是现实中的人的价值，其最高价值目标是实现人的自由全面发展。马克思说："人不是抽象概念，而是作为现实的、活生生的、特殊的个人。"人是现实中的人。第一，生存是现实的人的前提和基础。任何研究人的问题都必须"从现实的、有生命的个人本身出发"。第二，生存是一种现实存在的状态，而这种状态的保持在于劳动。现实中的人在马克思看来是从事劳动的人——从事活动的，进行物质生产的人。保存生命的基础在于劳动，劳动创造价值。人类通过各种劳动创造自我价值，即人对自我的需要和满足。一个人的生存和发展存在物质、精神等各方面的需要，人通过劳动来满足自己，在满足自己的同时，不断调整自己以适应现实的发展，进而提出更高的需要，提升满足自我的各种能力。也就是说，作为现实的人的概念有延展性——从生命到生命发展的延伸。第三，随着生命发展的过程，人的物质、精神等各方面需求不断提升，最终也是最高的价值目标应该是实现人的自由全面发展。第一步生存是人的能力、素质的发展，第二步劳动是人的社会关系的发展，第三步人的自由全面的发展是人的自由个性的形成。这一最高目标使每个人的潜能得到充分地发挥，其社会关系得到普遍发展，每个人对生活有更好的追求，个人与社会得到和谐发展。

最后，马克思人生观关注人的正当利益，以集体主义为核心处理利益矛盾。人的价值在于创造价值，在这之后涉及被"创造出的价值"，也就是我们常说的利益分配。马克思人生观关注并肯定人的正当利益，绝不否定、忽略个人的价值。马克思认为："人们奋斗所争取的一切，都同他们的利益有关。"人们从事物质资料的生产活动、结成一定的社会关系、进行政治活动和社会革命，都是由利益决定和支配的。既然如此，我们就应该保护和伸张个人的正当利益。马克思、恩格斯指出："共产主义既不拿利己主义来反对自我牺牲，也不拿自我牺牲来反对利己主义……无论是利己主义还是自我牺牲，都是一定条件下个人自我实现的一种必要形式。"马克思主义不单单关注社会个体的利益，而是将个人利益放置在集体、社会的有机整体中去考量。个人、集体社会存在，是相互影响、相互制约的作用。社会基础和条件是前提，社会只有具备某种基础和条件后，社会成员才能在其中安然生存、自由发展，而人的满足和实现与社会发展又进一步形成新的互动关系。在根本上，个人利益、集体利益、社会利益是一致的。一方面，个人脱离集体社会是没有意义的，人离开社会是不能成长的，个人与集体社会有着重要的联系和影响。另一方面，集体是人的集合，是每个人生存的基础、生活的平台，是个人实现发展的空间维度，绝对的个人只等于零。因此，"只有在集体中个人才能获得全面发展其才能的手段，也就是说，只有在集体中才可能有个人自由"。集体利益具有最高性和指导性，因而当个人利益与集体利益、社会利益发生矛盾相互碰撞时，个人利益应该为集体利益、社会利益做出让步；个人利益具有合法性，是神圣不可侵犯的，在处理个人利益与集体利益、社会利益的过程中，不应忽视其中任何一方面，两者之间应处于和谐的发展之中。

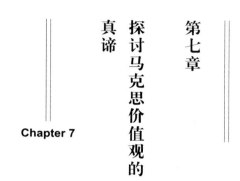

第七章

探讨马克思价值观的真谛

Chapter 7

为什么奥数培训难以禁止？为什么有人扫货全球"激动"过后总伴随些空虚与惆怅？

问题的答案似乎显而易见：

奥数培训因为能"立竿见影"地提高孩子的数学成绩，所以备受广大家长青睐。这不禁让人想起时下一句流行语：提分才是硬道理！

中国人因为"不差钱"——实质上目前仍属少数——所以能底气十足地到国外消费、购买奢侈品。可是，静下心来想一想，在买或不买的抉择时，人们关注更多的是产品的实用性还是其品牌效应——别人对自己身份、品位的认同？可惜这种由消费所带来的虚荣心的满足实在短暂，空虚也就在所难免。

问题的解答似乎并不那么简单。在面对教育、消费等问题时，人们的价值判断明显过于功利。更多的人似乎不再热衷于追问什么样的教育是优质的教育、什么样的消费是理性的消费。"时不我待，把握当下"——所以人们追求短期见效的教育，追求消费带来的所谓"快感"。这样的生活让人觉得既熟悉又陌生。可扪心自问，这真的是自己想要的生活吗？或许大家都该停下忙碌的脚步重新调整个人的价值坐标，回到关于价值的思索上来。而那个既熟悉又陌生的名字——马克思，或许能带给我们一些新的启示。

因为传统上，人们把马克思的价值观等同于共产主义价值观，但事实并非如此。探讨马克思价值观的真谛，有助于全面准确地理解马克思，澄清对马克思的误读与曲解，反思各自的价值观。更应看到，当前我国正处在完善社会主义市场经济的过程中，社会价值多元化，拜金主义大有市场，探讨马克思的价值观，对于培育和践行社会主义核心价值观具有重要的现实意义。

一、价值之谜的解答与追问：为何解读马克思的价值观

人生在世，每个人有每个人的追求，但什么样的人生是有意义的，人生的意义在哪里？这已成为几千年来人们一直在追问的话题。面对光怪陆离、五彩缤纷的物欲世界，什么值得人

们去追求？是追逐金钱、贪图名利，还是锦衣玉食、享受人生。然而，这一切的一切都如过眼云烟，决不是人生永恒追求的东西。

古希腊先哲苏格拉底曾经指出："未经审视的人生是不值得过的。"所谓审视就是要探寻生命的意义，人生的价值。人生的意义在于人生的价值。"生命不在长短，只要活得有价值。"那么，我们要追问什么是价值，什么样的价值才是真正的价值，该如何理解价值。这一切根源于我们的价值观。为此，我们不仅要追溯价值观，而且要通过解读马克思的价值观，解答与追问价值之谜。

马克思认为，"价值"这个普遍的概念是从人们对待满足他们需要的外界物的关系中产生的。人在把成为满足他们需要的资料的外界物进行估价，赋予它们价值或使它们有"价值"属性。它是人们所利用的并表现了对人的需要的关系的物的属性。"实际上是表示物为人而存在。" 因此，从马克思的分析来看，他是从人的需要与事物的属性来界定价值的。"价值"一词通俗地讲，是对于人与人、人与物之间的关系的一种认识。它就是指事物对人的有用性，事物具有满足人的某种需要的属性和功能。人类生活在世界上，总要发生各种各样的关系，包括人与物、人与人、人与自然、人与社会的关系等。人也具有各种各样的需要，需要不同的事物来满足不同的需要。一件东西对人来说能够满足某种需要，我们就可以说它具有价值。例如，食物能够满足人体的生理消耗需要，衣物能够满足人的保暖与审美需要，床可以满足人睡觉的需要，车辆能够满足人出行的需要，等等。

人作为高等动物，不是为生存而生存，是为生活而生存。海德格尔讲，"人诗意地栖居在大地之上"。生活与生存的根本区别，就是人追求生活的意义与价值。因此，人离不开价值；离开了价值，人就不成其为人。既然谈到价值，就会涉及事物价值的大小、衡量标准，对事物价值进行评价，于是便产生了价值观。从这个意义上讲，价值观就是人们对人、事、物等客观事物，有无价值以及价值大小的认识和态度，是一个人对周围的客观事物的意义、重要性的总评价和总看法。具体来说，一方面表现为价值取向、价值追求，凝结为一定的价值目标；另一方面表现为价值尺度和准则，成为人们判断价值事物有无价值及价值大小的评价标准。价值观是人们对事物的一种价值评价和判断，但它因人而异，不同的人具有不同的价值观。

长期以来，我们很少探讨价值问题，更别提马克思的价值观，好像价值问题是一个唯心主义的问题，与马克思风马牛不相及。当然，这有其客观原因。

首先，马克思比较反感谈论价值问题，而且几乎都是批判性的。马克思对资本主义社会，对机会主义，对小资产阶级价值思想和空想社会主义的价值思想，都作了集中的批判。在一定意义上，可以说马克思对于价值没有系统的研究和论述。马克思曾提出，"正义""人道""自由"等等可以一千次地提出这种或那种要求，但是，如果某种事情无法实现，那它实际上就不会发生，因此无论如何它只能是一种"虚无缥缈的幻想"。他还在《哥达纲领批判》一文中批判拉萨尔"不折不扣的劳动所得""公平的分配"和"平等权利"为"陈词滥调的见解"和"凭空想象的关于权利等等的废话"。马克思拒斥抽象的价值观，尤其是抽象意义上谈论价值观。他比较反对通过价值叙事的角度来研究社会现实问题。这是因为，马克思认为价值叙事是无力的、软弱的，几乎对现实起不到什么作用。正是从这个意义上讲，列宁认为："马克思恰恰是把他一生的很大一部分时间、很大一部分著作和很大一部分科学研究用来嘲笑自由、平等、多数人的意志，嘲笑把这一切说得天花乱坠的各种边沁分子，用来证明这些词句掩盖着被用来压迫劳动群众的商品所有者的自由、资本的自由。"这一点确实如此。

其次，与对马克思的认识与定位有关。长期以来，人们认为马克思的学说是关于自然、社会和思维发展的一般规律的科学，把其定位为一种关于科学规律的学说。人们好像一谈马克思的价值观，就有否定其学术地位，贬低其科学性之嫌。特别是受"左"倾错误思想的影响，价值观成为人道主义的专利，好像一提到马克思的价值观，就把马克思学说和人道主义学说联系起来，走上修正主义的道路。这样，人们在一定程度上否认了马克思的价值观，抹杀了马克思的价值观。这些争论一定程度上变成对马克思学说的歪曲和篡改，造成一定的思想混乱。正因为人们否认马克思的自由、民主、人权观，所以把其视为西方资产阶级的价值观，是与社会主义价值观根本对立的价值观，是社会主义必须坚决反对的价值观。这在一定程度上造成人们漠视人权、生命，践踏人的尊严和民主与法律。

那么，我们该如何看待这些问题呢？

一方面，要承认马克思作为一位伟大的理论家，具有丰富的价值思想。他有自己最鲜明的价值立场、价值取向和价值目标。马克思的学说既是关于一般规律的学说，也是一个价值体系。它是以人的解放和人的全面发展为目标的价值体系。

另一方面，要看到马克思对价值的分析，超越了以往单纯地从价值概念与思辨的角度来分析和评价社会的叙事方式，而是将价值叙事与社会生产方式联系起来，根据一定历史条件下生产方式的内容和具体要求来考察价值观。"一切社会变迁和政治变革的终极原因，不应当到人们的头脑中，到人们对永恒的真理和正义的日益增进的认识中去寻找，而应当到生产方式和交换方式的变更中去寻找。"

在马克思看来，价值理论如果脱离社会生产方式就会变成空洞的理论，从概念到概念的思辨，软弱无力的呼声，没有任何实际意义。相反，唯有从生产方式出发，才能找到价值实现的出路与方法。他还指出："在道德上是公平的甚至在法律上是公平的，从社会上来看可能远不是公平的。社会的公平或不公平，只能用一门科学来断定，那就是研究生产和交换这种与物质有关的事实的科学——政治经济学。""你们认为公道和公平的东西，与问题毫无关系。问题就在于：一定的生产制度所必需的和不可避免的东西是什么？"马克思所要批判的价值观是抽象意义上的价值观，而不是整个价值观或一般意义上的价值观。马克思并没有完全放弃价值叙事。他不是抛弃而是运用历史唯物主义，根据社会现实状况对各类价值理论进行了根本的改造，最终也就形成了自己的价值观。正是从这个意义上讲，马克思对价值的分析超越了传统的价值叙事方式，将价值分析建立在社会生产方式基础之上，这样的价值分析更有生命力、更有穿透力、更具有现实意义。人们无法否认，更无法抹杀马克思对价值理论的巨大贡献，更不容忽视马克思价值观的历史地位。

二、价值的反省与批判：马克思价值观的历史呈现

价值的实现不是一蹴而就的，而是需要一个历史过程。人类发展的历史，是人类追求与实现价值的历史。每一个历史阶段，价值的实现都具有一定的历史局限性。马克思以历史唯物主义为理论视域，通过对资本主义价值异化现象的深刻批判，提出了自己的价值思想及其理论。

（一）价值异化：资本主义价值走入歧途与不归之路

资本主义社会价值发生严重的异化，走入歧途，踏上一条不归之路。在社会主义市场经济条件下，随着经济全球化进程的加快，对外开放的不断扩大，由于受资本主义社会价值观的影响，我国社会出现一些不良的价值观，对于人们正确认识事物的价值产生了消解作用。这不利于社会主义核心价值观的培育与践行。这些不良价值观主要有以下几种表现。

1. **个人至上。** 这种价值观认为人的本质是自私的，以个人主义、小团体本位主义作为自己的立身处世原则，以自我为中心，把个人利益作为出发点，缺乏社会责任感。它处处为自己着想，把个人利益凌驾于社会集体之上。其直接表现为自私自利，不愿意帮助别人，关心他人，不愿意参加集体活动和社会活动。这是一种从个人至上出发，以个人为中心来看待世界、看待社会和人际关系的价值观。个人主义随着生产资料私有制的出现而产生，随着私有制的发展而发展。资本主义制度是生产资料私有制的最后的最完备的社会形态，个人主义在资产阶级身上发展到高峰。近代资产阶级革命时期的思想家，把个人主义普遍化为永恒不变的人性，并使之成为道德的基本内容和判断善恶的主要标准，以此作为反对封建道德和宗教禁欲主义的思想武器。

2. **金钱至上。** 这种价值观崇尚金钱、物质，把获取金钱、物质当作人生价值观的标准，一切"向钱看"。在市场经济时代，一些人经不住金钱和物质的诱惑，为了走上所谓的"终南捷径"，肆意颠覆过去为人们所唾弃的价值观。比如，有的人会把"宁坐在宝马里面哭，也不要坐在自行车上笑"作为择偶的标准，这完全是颠倒了的价值观。又如，有的人把"挣钱多""升官发财"作为人生幸福的标准，认为读书无用，"书读万卷不如腰缠万贯"。他们把大好的学习时间用在赚钱上，掀起一股不可忽视的"厌学风"。一些人唯利是图，忘记"君子爱财，取之有道"的古训，在金钱的诱惑下，不择手段，甚至不惜出卖自己的灵魂和信仰走上犯罪的道路。再如，有的人把金钱看成衡量人生价值大小的唯一标准，找工作不是看前途而是图钱。"前途前途，有钱就图"，成为他们的口头禅。

3. **功利至上**。有的人做事带有极强的实用主义色彩，为人处世以是否能给自己带来好处为出发点，忽视人的社会价值。比如，志愿加入中国共产党，本是一件政治上要求进步的好事；然而，有人把它作为追求个人发展，打造择业和就业竞争的资本。这是市场经济下实用主义功利性促发的投机性政治热情，是入党动机不纯的一种表现。他们往往积极参加社会公益活动，但很少参加第二次相同的公益活动，这是因为其目的是为了增加自己的阅历。

除了生活上出现的价值观偏颇，受西方资本主义社会价值观的影响以外，在政治上少数人的价值观也受到西方资本主义社会价值观渗透。例如，追求所谓的自由主义、民粹主义，推崇所谓的自由、平等、博爱。西方资本主义社会的价值观，本质上是一种异化的价值观。马克思对资本主义价值异化现象，进行了彻底的批判。所谓价值异化就是人的价值主体地位变成了客体地位。

首先，资本主义摧毁了一切传统的价值观。马克思认为，资本主义"它使人和人之间除了赤裸裸的利害关系，除了冷酷无情的'现金交易'，就再也没有任何别的联系了。它把宗教虔诚、骑士热忱、小市民伤感这些情感的神圣发作，淹没在利己主义打算的冰水之中。它把人的尊严变成了交换价值，用一种没有良心的贸易自由代替了无数特许的和自力挣得的自由"。因此，资本主义摧毁了一切人与人之间的价值关系、伦理关系，导致价值沦丧、价值失落，产生严重的价值危机。

其次，资本主义确立了资本的价值评价标准。恩格斯指出，在资本主义社会"金钱确定人的价值：这个人值一万英镑（he is worth ten thousand pounds），就是说，他拥有这样一笔钱。谁有钱，谁就'值得尊敬'，就属于'上等人'"。金钱本来是用来满足人的需要的，现在反而成为压迫人的工具。金钱成了主人，人成了奴隶，被金钱奴役。资本主义的价值评价颠倒，价值发生严重扭曲。拜金主义盛行，金钱成为衡量一切价值的标准。人的价值也要通过金钱来体现和实现，拥有多少钱决定着这个人的现实价值。商品和金钱本来是一种工具，用来满足人的需要的，但是人却把金钱和商品奉为上帝，顶礼膜拜，俯首称臣，成为金钱和商品的奴隶。

再次，工人阶级的价值地位不是越来越提高，而是越来越低。马克思认为，在资本主义制度下，工人"在自己的劳动中不是肯定自己，而是否定自己，不是感到幸福，而是感到不幸，不是自由地发挥自己的体力和智力，而是使自己的肉体受折磨、精神遭摧残"。工人生产得越多，他能够消费的越少；他创造的价值越多，他自己越没有价值、越低贱；工人的产品越完美，工人自己越畸形。因此，在资本主义制度下，工人的价值根本无法实现，只是劳动的工具而已。商品对人的统治笼罩整个社会，严重侵害人的发展。在资本主义社会，资本成为一种异己的力量外在于人、独立于人、与人疏远或隔膜，甚至转过来支配人、束缚人、压迫人、奴役人。

（二）价值主体的迷失：寻找真正的价值主体

价值异化必然导致人的全面异化，人成为单面的人、单向度的人、片面发展的人。资产阶级的价值观由于价值的异化，颠倒了价值主体与价值客体的关系，价值主体被价值的客体所淹没，被隐藏起来，人们很难真正找到价值主体。"人创造了一个新的世界：人开设了工厂，建造了高楼大厦，发明了汽车，缝制了衣物，生产出粮食和水果"。但是，"这一切创造的世界却成了人的主宰者。"其实，恰恰相反，价值的主体就在于人自身，而不在于物质财富，这样做正是缺乏价值的表现。

第一，价值的主体是人。一方面，从人与物的关系来看，人是价值的主体。人的价值既不是天赋人权，也不是神授。人是价值的主体，物是用来满足和服务于人的。马克思指出："动物只是按照它所属的那个种的尺度和需要来构造，而人却懂得按照任何一个种的尺度来进行生产，并且懂得处处都把固有的尺度运用于对象；因此，人也按照美的规律来构造。"马克思的价值观是"物的尺度"与"人的尺度"的统一。而且，"物的尺度"服务于、服从于"人的尺度"。但是，我们日常生活中存在的金钱崇拜、商品崇拜，见物不见人，物把人淹没，人的价值主体地位开始消退。

另一方面，从人与人关系来看，人既可以是价值主体，又可以是价值客体。马克思认为："人不是同自己的生产条件发生关系，而是人双重地存在着：从主体上说作为他自身而存在着，从客体上说又存在于自己生存的这些自然无机条件之中。"因此，人既是目的又是手段。每个人都处于一定的社会之中，社会中的每个人都存在分工与合作的关系。随着社会分工越来越细，人与人之间的相互依赖性越来越强。人的需要是多方面的，我们不可能自给自足，完全不依靠别人来满足个人的需要。我们对他人和社会有一定的需要，既要服务于别人也需要别人的服务，通过自己的活动，创造出物质财富和精神财富，满足他人和社会的需要。

第二，价值主体的人是现实的个人。马克思认为："'人'？如果这里指的是'一般的人'这个范畴，那么他根本没有'任何'

需要；如果指的是孤立地站在自然面前的人，那么他应该被看做是一种非群居的动物。"因此，马克思提出，"这里所说的个人不是他们自己或别人想象中的那种个人，而是现实中的个人，也就是说，这些个人是从事活动的，进行物质生产的，因而是在一定的物质的、不受他们任意支配的界限、前提和条件下活动着的。"

只有现实的个人才能成为价值的主体，不是观念的人，也不是抽象的人。价值的主体不是抽象的主体、抽象的个人，而是具体的、现实的个人，处于一定历史条件和环境中的个人。现实中的个人，具体表现为广大人民群众。马克思主义价值观，是以无产阶级和人民大众为主体。它凸显人的主体性价值，强调人民群众的价值主体地位。广大人民群众才是价值的真正主体。这也是马克思的价值观与西方资产阶级价值观的根本区别之一。

（三）追寻价值理想目标：寻求人类的终极价值

人应该是有理想追求的。但是，当今社会是一个功利主义较为盛行的社会。从某种意义上讲，人们的价值理想目标有所失落，功利性、世俗性较强，有的人贪图眼前享受、不顾长远，迷失了自己的眼睛，导致不同程度地出现社会道德滑坡、人心冷漠和世态炎凉的现象。马克思价值观的终极目的，就是实现人的自由全面发展与个性的满足。它充分体现了无产阶级为主体的广大劳动人民群众和整个进步人类的根本利益，是以解放全人类作为自己根本价值追求的。

虽然人的自由全面发展一时难以实现，但马克思寄希望于未来的共产主义社会。马克思认为，"个人的全面发展，只有到了外部世界对个人才能的实际发展所起的推动作用为个人本身所驾驭的时候，才不再是理想、职责等等，这也正是共产主义者所向往的。""真正的自由和真正的平等只有在公社制度下才可能实现；要向他们表明，这样的制度是正义所要求的。"

共产主义社会，能够为价值的实现提供充分的条件。其一，共产主义社会能够克服人的自我异化，进而可以克服价值的异化。马克思认为，"共产主义是对私有财产即人的自我异化的积极的扬弃，因而是通过人并且为了人而对人的本质的真正占有；因此，它是人向自身、也就是向社会的即合乎人性的人的复归，这种复归是完全的复归，是自觉实现并在以往发展的全部财富的范围内实现的复归"。共产主义社会，可以彻底消灭价值异化。其二，共产主义社会"它是人和自然界之间、人和人之间的矛盾的真正解决，是存在和本质、对象化和自我确证、自由和必然、个体和类之间的斗争的真正解决"。共产主义社会可以解决人与人之间的矛盾，回归人的本质，有利于实现人的价值主体地位。其三，自由是价值实现的必要条件。没有自由，价值也就无法实现。共产主义社会能够提供充分的自由，它是一个自由人的联合体。马克思认为，只有在共产主义社会中，才能实现真正的、充分的自由，才能充分实现人的价值。实现人的完全解放，把人从劳动分工中解脱出来。

三、价值之路的重启：如何看待马克思的价值观

当今时代，从某种意义上说，是一个价值有所缺失、价值有所贬值的时代。我们要重新确立价值在现实生活中的地位，以此规范个人行为，引领社会。这样，我们的社会才会更加和谐，生活才会更加美好，内心才会更加安宁。特别是要正确认识和对待马克思的价值观，把握其特征，挖掘其当今价值。

（一）现实命题：马克思价值观的时代意蕴

马克思的价值观所面对和回答的问题，也是当今时代人们所面临的问题。这也正是马克思价值观超越其他价值观的进步之处和历史意义所在。

1. 谁之胜利：价值观与利益观的博弈。价值与利益就是义与利的关系，一直以来它们是一对对立的产物，二者之间是矛盾的、不可调和的、此消彼长的关系。所以，孟子提倡舍利取义。时下，有的人则是为了利益，不惜抛弃价值，一味奉行利益至上的原则。例如，现实生活中，假冒伪劣产品充斥市场，出现过瘦肉精、地沟油、假疫苗等社会丑恶现象。所以这一切，都与人们一味地追求利益，价值观缺失有关。

在马克思那里，价值观与利益观是内在统一的。长期以来，

人们把马克思的价值观与利益观对立起来，要么讲马克思的价值观，而反对马克思的利益观；要么讲马克思的利益观，又忽视马克思的价值观。其实，马克思的价值观与利益观是内在统一的。

首先，马克思并没有否认利益。他认为，"每一既定社会的经济关系首先表现为利益"。马克思还提出人的一切活动"都同他们的利益有关"。他充分肯定正当的合理的个人利益，突出强调个人利益实现的重要性。"私人利益本身已经是社会所决定的利益，而且只有在社会所设定的条件下并使用社会所提供的手段，才能达到；也就是说，私人利益是与这些条件和手段的再生产相联系的。"

马克思有价值观，并不等于他反对利益。这一点正如邓小平所指出的，每个人都应该有他一定的物质利益，但"这决不是提倡各人都向'钱'看。要是那样，社会主义和资本主义还有什么区别？我们从来主张，在社会主义社会中，国家、集体和个人的利益在根本上是一致的，如果有矛盾，个人的利益要服从国家和集体的利益。为了国家和集体的利益，为了人民大众的利益，一切有革命觉悟的先进分子必要时都应当牺牲自己的利益"。所以说，马克思并不反对现实的利益。

其次，个人利益要符合全人类的利益，也就是实现利益观与价值观的统一。马克思提出，"只要人们还处在自然形成的社会中，就是说，只要特殊利益和共同利益之间还有分裂，也就是说，只要分工还不是出于自愿，而是自然形成的，那么人本身的活动对人来说就成为一种异己的、同他对立的力量，这种力量压迫着人，而不是人驾驭着这种力量。"马克思、恩格斯认为，"既然正确理解的利益是全部道德的原则，那就必须使人们的私人利益符合于人类的利益"。"正是由于特殊利益和共同利益之间的这种矛盾，共同利益才采取国家这种与实际的单个利益和全体利益相脱离的独立形式，同时采取虚幻的共同体的形式"。

全人类的利益就是全人类价值的终极体现。个人利益要符合全人类的利益，就是要个人利益符合人类的价值。因此，马克思的利益观与价值观是内在统一的。马克思并没有突出强调价值观而否认利益观，也没有为了利益而否认价值。而是要在个人利益与全人类利益统一的基础上，实现利益观与价值观的统一。

2. 如何协调：个人价值与社会价值的较量。个人与社会的关系，是私与公的关系。如何协调个人与社会，处理好私与公的关系？是大公无私还是私而忘公，是先公后私，还是先私后公？关于这个问题，出现了几种不同观点。

有的人用丰富的事例证明公而忘私的人是有的，且符合我们的传统文化，从古至今提倡公而忘私、先公后私的大有其人，他们提出应当不断扩大公的阵地，尽可能地限制私的发展。然而，片面重视公，轻视私，会导致一种"多数人的暴政"，是对个人利益的否定，最终也不利于集体和社会的稳定与发展。

也有的认为，公是私的总和，私是公的基础和出发点，先有个人利益，然后才能谈得上集体和社会利益。要求社会一切活动都应当把个人利益看成源头，放在首位。为公是手段，为私才是真正的目的。他们认为，大公无私，毫不利己、专门利人都是不科学的。

还有的认为，大公无私是道德理想，在现实社会的经济条件下没有这样的人，所以不能把它作为道德规范来要求。他们甚至觉得在目前的现实社会中，就是金钱决定一切，地位决定一切，个人幸福决定一切。不言而喻，片面重视私，忽视公，会导致一种"无政府的状态"，社会成为每个人争夺利益的场所，人与人之间是"狼对狼的关系"，不仅不利于社会的共同利益，最终也损害个人的生存和发展利益。

那么，到底该如何科学协调个人价值与社会价值的关系？马克思的价值观给出了正确答案。

首先，马克思认为人具有双重属性，一方面，每个人是以个体的形式存在的，因而具有强烈的个体性。另一方面，人又是社会性的动物。生活在社会之中，每个人都打上社会的烙印，离开社会人们就无法生存。人自从娘胎里出来，就来到社会上，具有社会属性。不管其是否愿意，他已成为社会的一员，在其呱呱坠地的当儿，他的社会角色已经被赋予。家庭关系中的称谓，如儿子、女儿、妈妈、爸爸、丈夫、妻子、哥哥、姐姐、弟弟、妹妹等；社会关系中的称谓，像战友、同学、朋友、邻居、同事、工作中的职务等。这一切社会称谓都是对人在社会坐标中的定位，社会角色的肯定，是社会属性的载体，也是规范人的行为的社会规矩。

家庭和社会关系的各种角色早有规范在那里，应该怎么做、不应该怎么做、怎样做才好，都不能自己说了算，要用社会行为规范来衡量，由同属社会人的其他人来评判。刚出生时，人的社会属性占据得比较少，自然属性要多。从婴儿到儿童，再到少年、青年、中年直至老年，社会赋予人的社会角色越来越多，社会属性占据的比例就越来越大。这样，每个人必然面临着个人性与社会性的冲突。体现在价值上，就是个人价值与社会价值的较量。

其次，在资本主义社会，个人价值与社会价值是完全对立的。个人为了满足、实现自身的价值，不惜损害社会的价值。但在伟大的革命导师马克思看来，"人的本质不是单个人所固有的抽象物，在其现实性上，它是一切社会关系的总和"。他指出："人的本质是人的真正的社会联系，所以人在积极实现自己本质的过程中创造、生产人的社会联系、社会本质，而社会本质不是一种同单个人相对立的抽象的一般的力量，而是每一个单个人的本质，是他自己的活动，他自己的生活，他自己的享受，他自己的财富。"

人的个人性与社会性是内在统一的。这就决定人的价值是社会价值与个人价值的统一。"只有在社会中，人的自然的存在对他来说才是自己的人的存在，并且自然界对他来说才成为人。"因此，人是社会性的动物。只有在社会中，人才真正成为人。所以，个人的价值与社会价值是统一的。人的个人价值要通过社会价值来体现和实现，社会价值的实现也离开无数个个人价值。个人真正价值的实现，最终要体现为社会价值。

再次，个人的真正价值在于对社会的责任和贡献。马克思毕其一生，都在为人类的解放事业而奋斗。马克思早在青年时期就指出："人们只有为同时代人的完美、为他们的幸福而工作，才能使自己也达到完美。"这正是马克思价值观的真实写照。他强调社会价值的实现，但也没有否认个人价值，更没有以社会价值取代、抹杀个人价值。

长期以来，社会上不同程度地存在着突出社会价值而压制个人价值的现象。实际上，社会价值离不开个人价值。马克思指出，"每个人的自由发展是一切人的自由发展的条件"。而不是一切人的自由发展，是每个人的自由发展的条件。因此，突出强调了个人价值实现的重要性。这充分表明马克思对个人价值的肯定。

3. 是否可能：价值的现实性与理想性的统一。价值是一种理念、一种思想、一种愿望。价值如何才能具有现实力量，如何产生现实行动，这是人们不得不面对的问题。当前，人们面临的问题是过于追求价值的现实性，因而否认了价值的超越性。在某种意义上，这就否认了价值的存在。人们只追求现实的功劳，缺乏长远的理想追求，最终只能导致陷入困境。马克思的价值观是现实与理想的统一。马克思既突出强调价值的现实性必须从现实的社会生活出发，价值的实现离不开具体的历史条件。但是，他又突出强调价值的超越性。价值具有指向未来的开放性。马克思实现了价值的现实性与理想性的具体的统一。

第一，价值观的现实基础回归。马克思的价值观具有强烈的现实关怀，强调价值的实现必须立足于一定的社会的物质基础之上。马克思非常注重价值观的现实性，反对抽象的价值观，反对脱离了现实物质生产关系来谈的价值的实现。他指出，"在迫使个人奴隶般地服从分工的情形已经消失，从而脑力劳动和体力劳动的对立也随之消失之后；在劳动已经不仅仅是谋生的手段，而且本身成了生活的第一需要之后；在随着个人的全面发展，他们的生产力也增长起来，而集体财富的一切源泉都充分涌流之后，——只有在那个时候，才能完全超出资产阶级权利的狭隘眼界"。因此，马克思认为在社会生产力取得极大发展、物质财富极大丰富，人们的精神境界极大提高之前，每个人价值的实现程度必然受限。这一点不以人们的意志为转移，具有历史必然性。无论看待价值还是实现价值，都必须坚决从社会现实出发。

　　第二，价值的未来走向趋势明确。马克思坚持"以人的自由全面发展为目的"的崇高价值理想，把"人的自由全面发展"定为人类价值的最终实现目标。马克思的远大价值理想不是空想，更不是幻想，而是建立在科学基础之上的。马克思、恩格斯以社会化生产力作为理论与实践的出发点，从社会发展的最终决定力量，即生产力发展的客观要求出发，认定社会主义是资本主义自发力量推动下社会化生产力发展的必然结果。生产力的普遍发展造成世界交往的普遍发展，各民族的历史将转变为世界历史，而共产主义的实现正是以生产力的普遍发展和世界交往的普遍发展为前提的。因而，人的解放和自由全面发展，只有在历史转变为世界历史的条件下才能实现。每一个单独的个人的解放程度，是与历史完全转变为世界历史的程度相一致的。仅仅因为这个缘故，各个单独的个人才能摆脱各种不同的民族局限和地域局限，而同整个世界的生产包括精神的生产发生实际联系，并且可能有力量来利用人类创造的一切文明成果。各个个人的全面的依存关系、他们的这种自发形成的世界历史性的共同活动的形式，由于共产主义革命而转化为对那些异己力量的控制和自觉的驾驭，人终于成为自己的社会结合的主人，从而也就成为自然界的主人，成为自身的主人——自由的人。到那时，人们才完全自觉地自己创造自己的历史。

　　第三，价值的现实性与价值的远大理想本质上是统一的。没有价值的远大理想，价值的实现就会失去前进的方向，埋头

眼前，失去长远。同样，如果没有价值的现实性，价值的远大
理想就是空谈，也无法实现。马克思既坚持共产主义价值的崇
高理想，又要求从现实实际出发，把价值的具体奋斗目标紧紧
扎根于现实基础之上。马克思的价值观正是基于理想与现实统
一基础上，而使其呈现出不同于以往的科学性。所以，马克思
的价值观具有科学性。马克思注重价值观的现实性，并没有否
认价值观的超越性、理想性。这也正是马克思价值观的科学性
和历史进步之处。

（二）现实诉求：马克思价值观的当代出场

当今时代主题已经转换，不同于马克思所生活的时代。但
是，马克思的价值观并没有过时，在当今仍然具有巨大的理论
价值与现实意义。在新时代，我们必须用马克思的价值观引领
社会前进。

第一，社会主义核心价值观，是马克思的价值观在新时代
中国的具体体现。习近平说："马克思主义信仰、共产主义信仰
是共产党人的命脉和灵魂。"中国共产党人是社会主义核心价值
观的发现者和倡导者。作为执政党，中国共产党提出和倡导社
会主义核心价值观是在一定的思想指导下进行的。这种指导思
想，就是作为其命脉和灵魂的马克思主义。因此，作为马克思
主义重要组成部分的马克思价值观也必然决定社会主义核心价
值观的根本性质、基本内容、功能作用和发展趋势。社会主义
核心价值观所明确的 12 个范畴，就是马克思主义中国化的根本

理论立场、基本观点和方法的价值观表达形式，马克思的价值观作为其根本理念、精神内核贯穿始终。习近平指出，"把我国56个民族、13亿多人紧紧凝聚在一起的，是我们共同经历的非凡奋斗，是我们共同创造的美好家园，是我们共同培育的民族精神，而贯穿其中的、更重要的是我们共同坚守的理想信念"。如富强，这自然是生产力高度发展的结果，但更包含坚持社会主义公有制为主体、共同富裕原则，还包含共产主义社会的物质财富极大丰富；民主，本来就是共产党人矢志不渝的目标；平等，意味着消灭阶级；自由联系着"自由人联合体"，让每个人得到自由全面的发展。民主、自由、平等，在我国社会发展的现阶段就是人民当家作主。

社会主义核心价值观是反映全国各族人民共同认同的"最大公约数"，根本原因在于对社会主义的认同，因为这是各族人民的根本利益所在。"为绝大多数人谋利益"就是马克思对无产阶级人生观、价值观的集中概括，这在社会主义核心价值观中得到了最充分的体现。因此，研究社会主义核心价值观是什么、为什么和做什么，都不能离开马克思主义、马克思的价值观。社会主义核心价值观的培育和践行，正是对马克思主义、马克思的价值观的科学坚持、创新发展和正确运用。

第二，培育和践行社会主义核心价值观，彰显马克思价值观的现实意义。马克思的价值观对社会主义核心价值观建设具有指导意义。价值关系是一切社会关系的重要内容，价值观则是一个社会的核心观念。当前，培育和践行社会主义核心价值观是我国意识形态领域的重要任务。习近平强调："把培育和弘扬社会主义核心价值观作为凝魂聚气、强基固本的基础工程"，"广大党员、干部必须带头学习和弘扬社会主义核心价值观"。培育和践行社会主义核心价值观，对于引领当今社会各种社会思潮，应对意识形态领域存在的问题具有重要的作用；对于坚定社会主义的理想信念，增强社会主义意识形态的吸引力和凝聚力，重塑理想、凝聚人心、增强认同，意义重大。而马克思的价值观是培育和践行社会主义核心价值观的思想基础与理论来源。培育和践行社会主义核心价值观，离不开马克思的价值观的指导地位与方向原则。

社会主义核心价值观是马克思的价值观在新时代中国的发展与具体体现。马克思关于价值观的具体内涵、价值本质、价值取向的论述，关于价值实现的制约因素、途径以及未来理想价值的实现，为培育和践行社会主义核心价值观指明了方向和路径。正因如此，我们必须以马克思的价值观来引导社会主义核心价值观的培育和践行。

第三，马克思的价值观是批判"普世价值"的锐利武器。"普世价值"的虚假性，凸显马克思价值观的现实意义。西方资本主义国家总认为西方的公正、民主、人权等是人类的"普世价值"，是放之四海而皆准的价值理念。他们认为，这些也应是人们所必须接受和遵守的。事实上，这是价值强权主义。马克思早在100多年前就深入批判了当时流行的所谓"普世价值"，揭示了抽象公正、民主、人权等的虚假性与欺骗性。从马克思价值观的视域出发，人们可以看出人类根本没有什么"普世价值"。马克思认为价值观都是具体的、历史的、随着时空不断变化的，不同的历史时期具有不同的价值，不同的地域也具有不同的价值。没有普遍不变的价值，更没有普世的价值，只有具体的价值。"普世价值"掩盖、否定价值的具体性、条件性、地域性和多样性，成为脱离具体社会、现实环境基础上的抽象的价值。这些抽象的价值只是一个名词、名称、概念而已，马克思认为没有任何价值。

举例而言，比如水果这个概念是一个抽象的概念，它是对所有符合水果特征的食物的总称。但是，现实生活中并没有水果，只有具体的苹果、梨、葡萄等具体的食物。虽然，自由、民主、平等、博爱好像是人类的共同理想和价值目标，但各个国家的国情有着很大的不同，所以，自由、民主、平等、博爱的具体内容与内涵到各个国家与地区也就不同了，实现的路径更是不同。何况每个民族、每个国家，由于各自文化传统、现实发展、地理风情等完全不同，所以根本就不可能有一套所有人都适用、都认同的普世价值观。

人们只有从马克思的价值观出发，才能明确价值观的具体内涵，科学把握价值观的特征，认清"普世价值"的虚假性，坚决和彻底地批判"普世价值"。它只不过是西方资本主义国家进行其意识形态侵略，价值渗透和分化、西化的一种策略而已。以美国为首的西方推行"普世价值"，其实质上是一种价值侵略和价值霸权主义。

第四，马克思的价值观对人生道路选择具有重要的导向作用。价值观作为一种社会意识，不仅对社会存在具有重大反作用，而且对人们的行为具有重要的驱动、制约和导向作用。马克思的价值观不仅对人们认识世界和改造世界的活动中起着重要的引导作用，而且对于个人的成长成才也具有重要的导向作用。有些人认为，价值观无关紧要，有无皆可，没有也没什么大不了。其实，价值观的作用是巨大的，其影响是无形的，潜移默化的，长期的。价值观与世界观、人生观、利益观等相互影响、相互作用。价值观影响着人的行为，人的选择，人的生活态度以及为人处世之道，甚至决定着一个人的命运。积极的价值观，推动人奋发向上，最终成就一番事业；消极的价值观，导致人的颓废，不思进取，甚至误入歧途。现实生活中，这样的例子举不胜举。不少人由于价值观不正确，最终走上邪路，遗憾终身。

马克思之所以能够为全人类的解放事业奋斗终身，是因为他从青年时期就树立起正确的价值观，并且为之坚持不懈。我们要想干出一番事业，实现自己的人生价值，就必须以马克思的价值观为指导，在一以贯之推进中国特色社会主义伟大事业中，为实现马克思未完成的事业而奋斗终身。

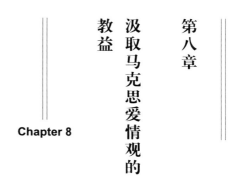

第八章
汲取马克思爱情观的教益

Chapter 8

　　人类对幸福生活和未来社会的追求，不仅要有富裕的物质生活，而且要有高尚的精神生活。在人们的精神生活中，追求美好的爱情生活，占有十分重要的位置。倘若世上没有爱情，那么一大半的文学作品可能找不到抒发的对象。正因为有了爱情，有了这种虚无缥缈又感人至深的东西，人世间的诸多情绪才有了出口。爱情因其缥缈而美好，但同样因其缥缈而难以保持或易生纠缠。热恋中的男女，固然会觉得甜蜜，可是婚后的夫妻，常常因小事情小问题产生矛盾。小之，时时闹别扭；大之，由冷战变为热战，弄得感情破裂。

　　德国著名诗人歌德在《少年维特的烦恼》一书中写道：青年男子哪个不善钟情？妙龄女子哪个不善怀春？这是人性中的至洁至纯。有谁敢说，红尘颠簸二十年，不曾有一个人的一颦一颦牵动你的点滴心情；有谁敢说，爱情的惊悸不曾在你的心中闪动；又有谁敢说，在你走进青春岁月时不曾幻想拥有一份轰轰烈烈的爱情？"山无棱，天地合，乃敢与君绝"，是人们心中爱情最忠贞的样子。"红尘做伴，潇潇洒洒，共享人世繁华"，是爱情最浪漫的样子。不论享没享受过爱情相看两不厌的甜蜜，都曾在心中一遍遍勾勒过爱情最美的模样。那么，我们真的懂得爱情吗？应该如何正确追求爱情？马克思的爱情观将给出答案。

在马克思主义的理论和价值限度内，爱情指的是一对男女基于一定的社会关系和共同的生活理想，在各自内心形成了对对方的最真挚的倾慕，并渴望对方成为自己终身伴侣的最强烈的感情。在马克思看来，爱情是人类所特有的、基于生理需要的异性间相互吸引的情感，具有自主性和社会性。爱情的前提是男女间的平等和互敬互爱，它既包含恋爱自由，也包括结婚和离婚自由。我们在追求美好的爱情生活的过程中，有必要从马克思的爱情观中汲取重要教益。

一、何谓爱情：马克思的爱情观概述

科学准确地揭示出爱情的内涵，并不是一件容易的事情。因为爱情就其内容来说，具有非常丰富多彩的特点，而其表现形式则因人而异，所以不容易把握爱情的规律性。虽然动物间也有异性相吸的自然本性，但它并不是爱情。男女间的单纯友谊交往也不是爱情，真正的爱情必须是基于人类社会的，具备性爱因素的情感。

（一）"亲爱的那可不是爱情"

爱情是人与人之间的强烈的依恋、亲近、向往，以及无私并且无所不尽其心的情感。它通常是情与欲的对照，爱情由情爱和性爱两个部分组成，情爱是爱情的灵魂，性爱是爱情的能量，情爱是性爱的先决条件，性爱是情爱的动力。只有这样，才能达到至高无上的爱情境界。在恋爱、婚姻中经常出现的几种错误爱情观，其实都不是真爱，人们常常被迷惑，但这并不是真正爱情。

第一，把"身体的吸引"当作爱情。因一个人的外表而产生的欣赏、欲望和激情都不是真爱，喜欢一个人的长相或被某个人的身体所吸引，并不意味着爱这个人。这些感受都不过是私欲的产物。当"丈夫"的爱很大程度只是基于肉体的吸引时，他跟妻子的关系就会出现很大的问题，因为妻子的相貌总会随着时间、生活事件或体重增加而发生重大变化。

第二，把"需要"当作爱情。对一些人来说，一种强烈的需求感也会让自己被另一个人吸引。这样的人觉得，若生活中缺少这种关系就不行，两个人一想起哪天会失去这份情就痛不欲生。在这种情况下，他们是期待从爱人身上得到自己急切想要得到的东西，这种需求感里更多的是自私而不是爱，想要得到与爱别人本不是一回事。

第三，把"自己得益"当作爱情。有些人或许没有强烈的个人需要，但认为自己坠入爱河是因为从对方身上得到了很大好处。当他们说"我爱你"时，真正的意思是"我喜欢你为我所做的一切"。如果这样的人从来没有认识到真正的爱，他们或许一生都不会意识到自己的自私。

第四，把"甜言蜜语"当作爱情。有些人是说情话的专家，但其从不付出爱的行动。他们觉得能说出爱才是关键，说"我爱你"的时候毫不迟疑，说过之后却不断地做出满足自己的私欲，毫不体贴别人的选择，他们经常是言行不一的，这绝不是真正的爱情。

（二）马克思的爱情观才是真正的爱情

真正的爱情必须是基于人类社会的，具备性爱因素的情感。

第一，爱情是人类社会所特有的、基于生理需要的、异性间相互吸引的情感。人作为高级动物，也有许多自然的生理需要。性欲就是人的一种自然本能，是人对性行为的要求。但是，性欲和性行为都不是人类所特有的，而是其他动物普遍具有的。因此，不能仅仅从性欲的层面上去界定和认识爱情。性欲本身是爱情的一个天然的因素，爱情的发展导致男女双方婚姻关系的缔结，同时也让两性间的性欲得到正常满足。不过，爱情的结果不能仅仅归结为性欲的满足。马克思认为，性行为是真正的人的机能，但是，如果使这些机能脱离了人的其他活动，并使它成为最后的和唯一的终极目的，那么，在这种抽象中，它就是动物的机能。

对爱情生理基础的认识，马克思与西方许多思想家特别是资产阶级的思想家可谓泾渭分明。马克思反对资产阶级伦理学家把"爱情"归结为性欲的错误观点。他认为，虽然体态的美丽、亲密的交往、融洽的志趣等都会引起异性间的性欲，但这同爱情不是一回事，这与现代社会人的性爱也有很大的差别。在马克思看来，在社会发展过程中，爱情远远不能等同于本能的性的引诱。人们随着年龄的增大伴随性成熟而形成性的欲望和需要，性欲的满足是男女健康的身体和精神发达的要素，但是，爱情所指向的性爱必须以两性的正当结合为基础。换句话说，基于爱情的性爱是正当合理的，而不能简单将性爱等于爱情。按照爱情的内在要求，同性恋和自恋都是不合爱情的本质内涵和要求的。爱情不仅包括基于自然属性的性爱，更包括基于社会属性的其他内容，社会属性制约和净化着自然属性，使之发展成为理性的人类感情。

第二，爱情是一种非常高尚的道德情感。它使人上升到新的道德高度，使人更强烈地意识到生活的美好和自己的责任感。马克思自身的爱情经历，就向人们证明了真正的爱情是一种异性间相互吸引的、高尚的情感。马克思的父亲和燕妮的父亲关系非常密切，马克思和燕妮青梅竹马、两小无猜。在马克思进入大学后的一个暑假，两位志同道合的青年互吐情思。回校后，马克思坠入情网。但是，马克思并没有像有的年青人那样低俗地认识和看待爱情；相反，他认为这种发自内心的爱慕需要以正确有效的方式表达。为了表达对燕妮的深深思恋，马克思在入学的第一年写下三大本充满爱情火焰的诗歌集，陆续寄给燕妮。其中，马克思这样写道："我和你志同道合心心相印，我们的心充满永恒的激情，我们的心将永远共燃不熄。"这些情感的真挚表白让燕妮感受到了马克思对感情的认真和执着。燕妮对马克思的爱，也是同样热烈而执着。马克思写给燕妮的这些诗文，被收录在《马克思爱情诗文选》中。其中不少作品强调，爱情是一种男女间最深刻的人类感情。例如，马克思在给燕妮的信中说他的爱情，不是对费尔巴哈的"人"的爱，不是对摩莱萧特的"物质的交换"的爱，不是对无产阶级的爱，而是对亲爱的即对你的爱，在这爱情上集中了我的所有精力和全部感情。

在个人生命中爱情生活是需要他或她以全身心投入的，虚情假意、逢场作戏只能使爱的情丝被斩断。马克思说："如果你的爱作为爱没有引起对方的爱，如果你作为恋爱者通过你的生命表现没有使你成为被爱的人，那么你的爱就是无力的，就是不幸。"爱情的降临，不仅使人从生理上能获取对异性形象的爱慕的愉悦，而且从心理上能得到对自己生活充实或幸福的某种满足。马克思在谈到当一个女性收到爱人写给她的情书时说，"对爱者所表示的爱的真诚深信无疑，是被爱者莫大的自我享受，是她对自己的信任。"

事实上，爱情是一首诗，它把生活诗意化；爱情是暖色调，它给人以热烈向上的情感；爱情又是一首歌，不管是欢乐还是忧愁，从那"男女二重唱"的歌声中，都能听到心灵交往、结合、撞击和共鸣的美妙乐章。马克思认为，这种爱情能"使一个人成为真正意义上的人"。如果一个人虽然事业上成就卓著，但是在爱情上暗淡无光，那未免总是一种心灵的缺憾。

第三，爱情的前提是男女平等，互敬互爱。"如果她打你，一定要装得很痛；如果真的很痛，那就要装得没事"，这是电影《我的野蛮女友》表达的观点。这或许在批评传统爱情的男尊女卑定义上有裨益，但过分强调女性在恋爱中的地位和权益，无疑导致另一种倾向的不平等，即女方对男方的绝对权力，24小时随叫随到的爱情只存在于小说、影视和想象之中。

在马克思看来，爱情是人类在生活交往、劳动实践中形成的男女相爱的感情。它是指一个人对另一个异性发自内心的真挚爱慕，渴望对方成为自己终身伴侣的强烈感情。这种感情在个体形成发展过程中，一般会经历萌发、爱恋、狂热到成熟四个阶段。其中爱恋有两个阶段：由钟情向深情的发展过程。在引起彼此钟情和互相深爱之中，其心理的主要因素是爱恋双方在爱情理想上的相通合拍，产生同频率的共振，引起彼此感情上的爱慕。只有这样，一旦相遇或两者接触，会唤起心弦共鸣、情波荡漾、情爱交融。马克思写到与燕妮钟情时的心理："一个纯洁美丽的形象，在闪闪发亮，放射光芒，它萦绕在我的心坎上。见到它真是三生有幸，见到它就会钟情，永为它迷恋倾心。"这是因为："和高尚的品性相结合，溶成一片光彩的美色；它是永恒欢乐是理想和美德最卓越的化身。"但必须看到，爱情的前提是男女双方的平等和互敬互爱，如果仅仅是一方对另一方的钟情，这样不仅在感情上不平等，而且本身也难以产生共鸣。马克思说："我们现在假定人就是人，而人对世界的关系是一种人的关系，那么你就只能用爱来交换爱，只能用信任来交换信任，等等。如果你想得到艺术的享受，那你就必须是一个有艺术修养的人。如果你想感化别人，那你就必须是一个实际上能鼓舞和推动别人前进的人。你对人和对自然界的一切关系，都必须是你的现实的个人生活的、与你意志的对象相符合的特定表现。如果你在恋爱，但没有引起对方的爱，也就是说，如果你的爱作为爱没有使对方产生相应的爱，如果你作为恋爱者通过你的生命表现没有使你成为被爱的人，那么你的爱就是无力的，就是不幸。"

在生活中男女两性之间要想获取爱情不仅需要有爱的能力，还需要彼此间的相互喜欢和爱，否则不能称之为"爱情"，只能称之为"单相思"。由此可见，爱情具有对等性特征。妇女因为具有特殊的生理和心理气质，尤其需要得到男性特别关照和尊重，这也是在爱情、婚姻问题上的文明表现。因此，彼此的尊重和关爱是爱情的重要条件。马克思指出："男人对妇女的关系是人对人最自然的关系。因此，这种关系表明人的自然的行为在何种程度上成为人的行为"，"从这种关系就可以判断人的整个文化教养程度"。此外，还要看到，男女之间的平等在一定社会条件下要延伸和体现在权利与义务的对等。作为爱情的必然趋势是建立家庭，为此当事人必须有义务承担建立家庭的各种准备，而不能沉溺于无尽的精神交往中。马克思在给拉法格的信中曾提出，要了解他这位未来的女婿的经济状况。这就说明青年人应有实事求是的客观态度，把爱情的根牢固地扎在现实生活的土壤里。

第四，结婚和离婚自由。幸福的婚姻必须以爱情为基础，这是婚姻的显著特征。一方面，婚姻的缔结必须以爱情为基础。马克思认为，"如果说只有以爱情为基础的婚姻才是合乎道德的"，即要求人们在缔结婚姻时应该以爱情为基础。而在现实生活中，人们在缔结婚姻时会考虑除了爱情以外的物质性的东西，如有人为了利益、金钱、社会地位等与异性缔结婚姻，这都是不道德的婚姻目的。另一方面，婚姻自由。婚姻自由体现在婚姻当事人的意愿上，他们既有结婚的自由又有离婚的自由。这种自由建立在男女平等的基础之上。

爱情成熟的结果就是步入婚姻的殿堂。但是，婚姻并不是"镣铐"，当婚姻没有感情的时候，也应该得以解除。马克思认为，爱情成熟的结果是婚姻，但是，婚姻应该是自由的，包括结婚自由和离婚自由。马克思曾对离婚法作了研究。他认为，一方面"真正的国家、真正的婚姻、真正的友谊都是不可分离的",另一方面"任何国家、任何婚姻、任何友谊都不完全符合自己的概念"。就是说:"国家中现实的婚姻也是可以分离的。"马克思抓住了这一矛盾的主要方面,即婚姻应该由彼此忠贞的爱情来巩固。他对那草率离婚的做法表示蔑视:"如果有人说,你们的友谊不能抵御最小的偶然事件,遇到任何一点不痛快都必定会瓦解,而且把这说成是一种公理,难道你们不觉得这是一种侮辱吗?"现实社会中结婚是由多种因素促成的。马克思预见到"任何伦理关系的存在都不符合,或者至少可以说,不一定符合自己的本质"。夫妻关系和男女双方各自的爱情理想,有时存在矛盾和差异。在这种情况下,主观的情感可能导致婚姻的离异,而客观的伦理规范却需要相对稳固。

然而,婚姻自由的真正实现需要几个条件。

一是社会生产力的提高。当社会生产力得到极大的提高,男子不再在经济上占统治地位,女子也占有丰富的生产资料时,女子不必因为金钱而委身男子。社会生产力极大发展,真正实现老有所终,壮有所用,幼有所长,鳏寡孤独废疾者,皆有所养时,影响男女结合的社会因素也就降低了。同时,当男女离异时也不用考虑老人的照顾、孩子的抚养,那么以爱情为基础的结合与离异也就顺理成章。

二是社会思想文化的改善。它是指拜金主义、享乐主义和极端自由主义不再是社会的时尚,金钱不再成为择偶的标准。

在这个时候，男女相互结合不会存在"门当户对"，不会因为社会地位、家庭状况的悬殊而受到家庭、社会等周围环境的压力。人们以性或爱为基础结合在一起也就成为社会的常态，而不会受到道德与伦理等因素的制约。

三是人的自身素质的增强。人的自身素质包括人的生理素质、心理素质和道德素质、文化素质等，这里主要讲人的道德素质。人的道德素质的提高，是指一个人能够切实地为别人着想，不以自身的利益为处理问题的出发点，按照道德与理想的要求处理事情，达到人与人之间的一种普遍和谐。即使婚姻达到一种纯粹自由的状态，人类也会服从于道德的要求谨慎对待，摒弃种种功利主义、享乐主义的心态。

在人类社会经历社会生产力的提高、社会思想文化改善和人的自身素质的增强之后，人类婚姻自由才能真正的实现，人类社会将如恩格斯在《家庭、私有制和国家的起源》中借用摩尔根《古代社会》中的话语所描述的那样："这将是古代氏族的自由、平等和博爱的复活，但却是在更高级形式上的复活。"

二、追求爱情：既要自由又要慎重

在马克思看来，恋爱自由是青年人的权利，但必须以理智控制单纯的感情冲动，恋爱自由须慎重。这样的思想观点和主张不仅体现在他自己的爱情生活中，更体现在他对自己女儿劳拉与女婿拉法格的恋爱问题的态度上。恋爱不是生活的全部，但是人生的重要问题。如何正确对待恋爱，是青年人关心的问题。马克思为青年人在实践上做出了榜样，在理论上提出了正确的恋爱观。1866 年 8 月 13 日，马克思给保尔·拉法格的信展示了这方面的思想，提出了正确处理恋爱问题的基本观点。

（一）恋爱要把握好表达方式

如同许多青年人一样，1866 年正在法国巴黎大学读书的保尔·拉法格，在马克思家里遇见劳拉·马克思，两人从好感到友情，从友情到爱情，热情不断高涨。马克思不得不提醒向劳拉主动进攻的拉法格：是否应该涉足婚恋和如何涉足婚恋。当然，马克思不是简单干涉，只是要求拉法格要慎重对待恋爱问题。同时，他提出了一些自己的意见。马克思认为，青年人要慎重涉足婚恋。他不希望青年人过早地涉足婚恋。因此，马克思毫不隐晦地对拉法格的行为表示了自己的担心："我惊讶地看到您的举止在只有一个星期的地质年代里，一天一天地起变化。"处于热恋中的青年人，他自己不会停止爱，也不会让对方停止爱，更不愿意接受旁人来停止他们的爱。马克思懂得自由恋爱的含义，并不想干涉他们的恋爱权利，对此只能表示惊讶。但是，马克思认为，热恋不止，近乎愚蠢，会影响青年人的正常学习、工作和生活。因此，他不得不对正在和他的女儿热恋的拉法格泼点冷水：我"并没有肯定许婚，一切都还没有确定。即使她同您正式订了婚，您也不应当忘记，这是费时间的事。

过分亲密很不合适，因为一对恋人在长时期内将住在同一个城市里，这必然会有许多严峻的考验和苦恼。"事实上，马克思当然懂得青年人有完全的自由恋爱的权利，也知道作为长辈对子女有"批准"的权力。因此，他以长辈的身份教导这对青年人在婚恋面前要保持清醒。

马克思特别批评了拉法格涉世不深、缺少理智、一头埋进恋爱的行为，要求拉法格立足现实，充分考虑到在婚恋生活过程中无数困难的考验、苦难的折磨，从而不要轻率从事。针对拉法格比较冲动的求爱方式，马克思提醒他要注意"求爱"方式。在拉法格向劳拉的进攻步步紧逼、不肯退却的形势下，马克思无法将拉法格拒之于门外，只得做出让步。但是，为了避免拉法格得寸进尺，马克思觉得要严正"警告"这个热情过高的青年人："如果您想继续维持您同我女儿的关系，您就应当放弃您的那一套'求爱'方式。"马克思要求拉法格用理性的克制来代替感情的冲动，他指出："如果您借口说您有克里奥洛人的气质，那末我就有义务以我健全的理性置身于您的气质和我的女儿之间。如果说，您在同她接近时不能以适合于伦敦的习惯的方式表示爱情，那末您就必须保持一段距离来谈爱情。"

针对青年人恋爱中的这个突出问题，马克思希望青年人能够摆脱原始的自然欲望的冲动，以"伦敦绅士"的风度来谈情说爱。他要求初涉恋爱的拉法格努力克制自己的热情，不要一发而不可止。马克思教导拉法格："在我看来，真正的爱情是表现在恋人对他的偶像采取含蓄、谦恭甚至羞涩的态度，而绝不是表现在随意流露热情和过早的亲昵。"他要求拉法格摆脱热恋，避免时光的荒废。

（二）先完善自己再谈恋爱婚姻

马克思鉴于自己早年的恋爱经历和人才成长的规律，深深懂得青春的宝贵和完善自己才干的重要性。因此，在爱情和事业的关系上，他提出了先完善自己再谈恋爱婚姻的看法。

马克思认为要摆正爱情和事业的位置。对青年马克思来讲，如何正确处理爱情和事业关系也是一个陌生的课题。但是，他很快以正确的行动出色地回答了这个问题。青年马克思在爱情上有过热情奔放的经历，但他很快地摆脱了感情的纠缠，清醒理智地投身于学习和工作，终于以"不但思想丰富，很有洞察力，而且兼备渊博的学识"的好评通过了博士论文，以优异的成绩毕业于柏林大学。大学毕业后，马克思面对失业和现实的挑战，不再有卿卿我我的沉湎，利用《莱茵报》阵地为劳动人民主持正义，逐步从民主主义者转变为社会主义者。在婚后短短的两个月的蜜月生活中，马克思化爱情为力量，写出《〈黑格尔法哲学批判〉导言》《论犹太问题》等不朽的论文。为了工人阶级的解放，马克思铸造的理论武器触犯了普鲁士政府，受到政府的迫害。1845 年，婚后的当年他就被迫离开祖国，流亡巴黎。由于法国政府害怕马克思的革命立场，又迫使他离开巴黎流亡布鲁塞尔。1849 年，马克思结束颠沛流离的生活，客居伦敦，专注于《资本论》巨著的写作，在事业上取得辉煌的成就。从不多的弯路和坚定的步伐中，可以看出马克思在爱情问题上坚持了"事业第一、爱情第二"的原则。因此，马克思态度坚决地告诫拉法格："您要是想今天就结婚，这是办不到的。我的女儿会拒绝您的。我个人也会反对。"要求拉法格把爱情摆在正确的位置上。

马克思认为青年人的关键任务是要利用大好年华完善自己。他深深懂得爱情的真谛在于用青春的热情、智慧和力量创造家庭和人类的新生活，而不仅仅满足个人的情欲和家庭的私利。因此，一个青年人要担负起社会和家庭的责任，关键任务在于经历社会磨难百炼成钢。马克思对热情有余、行动不足的拉法格讲："关于您的总的情况，我知道：您还是一个大学生；您在法国的前程由于列日事件而断送了一半；您要适应英国的环境暂时还没有必要的条件——语言知识；您的成功的希望至少也是很靠不住的。我的观察使我相信，按本性说您不是一个勤劳的人，尽管您也有一时的狂热的积极性和有善良的愿望。在这些条件下，您为了同我女儿开始生活就需要从旁得到帮助。至于您的家庭，我一点也不了解。即使它有一定的财产，这还不能证明它准备给您一些资助。我甚至还不知道它对您所筹划的婚姻有什么看法。再说一遍，我很需要听到对这几点的明确的说明。"这里，马克思认为拉法格有革命的激情，但思想还不够稳重，在列日事件即拉法格带领巴黎大学的学生闹学潮中因为不够策略，被巴黎大学开除学籍，无谓地断送了自己的学业和有利前程，这是不明智的。

马克思认为拉法格在学业上还要不断进步，至少以法语为母语的拉法格还没有英语的基本知识，难于适应当时工人运动中心——英国的生活，是会影响交往和工作的。他还认为拉法格要进一步投身实践，体验社会生活，改造自己的思想，像拉法格那样光有热情和善良愿望，没有劳动人民的勤劳品质是无益于工作和生活的。总之，马克思认为青年人只有在生理、心理、思想、道德、知识和技能等素质比较成熟的基础上，才有理由考虑恋爱问题。

三、缘于爱情：马克思成功背后的那个女人

马克思的成功，除了有一个生死与共、不离不弃的革命伙伴恩格斯外，他身边还有一位更为重要的人，正是这个人陪伴马克思走过他的一生，可谓真正做到了执子之手与子偕老，这个人便是燕妮。那么，在革命伟人马克思心中，他和夫人燕妮的这段感情是否是爱情呢？如果是，那马克思对爱情的定义是怎样的呢？马克思生活中的爱情，是否达到了他对爱情的定义标准呢？

马克思对于爱情的定义：有一定的物质条件，有一定的共同理想，并且有着互相倾慕的心，渴望能够成为对方的灵魂伴

侣，两人之间形成最深刻、最热烈、最稳定的感情。那么，马克思这一生是否有过这样的感情呢？答案显然是肯定的，他身边便有这样的一位灵魂伴侣，那便是燕妮女士。

燕妮的出身与马克思不同，她出身于名门贵族，自小接受过全方面的教育。燕妮与马克思相遇，并被马克思的才华所吸引，直至私订终身。燕妮顶着家族的巨大压力，在经历七个年头的等待后，两人终于结为合法夫妻。

论家庭地位，马克思和燕妮不算"门当户对"。燕妮是特里尔城中有名贵族家的小姐，而马克思则出身平民。论年龄，他们还需跨越当时一般观念的鸿沟。当时丈夫的年龄普遍比妻子大，而燕妮却比马克思大四岁。同时，两人的未来也充满未知。燕妮住在特里尔，而马克思还是一个在远方念书的一无所有的大学生，前途仍不确定。

尽管如此，马克思仍然热烈地追求燕妮，在 17 岁时便向燕妮求婚。一开始，燕妮委婉地拒绝了马克思的爱意。不过，马克思并没有轻易放弃，最终用自己的热诚和才华打动了燕妮。1836 年暑假，大一结束的马克思返回特里尔，同燕妮偷偷订了婚。当时，燕妮 22 岁，而马克思只有 18 岁。

这个"离经叛道"的举动，虽然体现了他们真挚的爱情，但也让两个涉世未深的年轻人面临不小的精神压力。在告别燕妮、前往柏林后，马克思很长一段时间深陷对燕妮的思念之中而不可自拔。而燕妮尽管接受了马克思的追求，但她深知家族成员们很难同意这桩婚事，加上思念马克思，常常忧心忡忡，夜不能寐。

在两人的家族中，最早知道此事的是双方父亲。他们起初并不赞成这桩婚事，但在了解到二人的真挚感情后，均表示了极大的理解，同意这对有情人在马克思大学毕业后举行婚礼。令人遗憾的是，两位开明而善良的长辈都没能等到这对情侣成婚的那一天，就相继去世了。再加上马克思工作的原因，两个人的爱情继续经历漫长的波折与考验。

1841 年 4 月 15 日，马克思提前获得哲学博士学位。年轻的哲学博士刚到特里尔，就赶忙去他最心爱人的家，把博士论文亲手送到燕妮父亲的手里。燕妮和马克思在多年分离之后，本来打算立即结婚的。但光有一篇博士论文并不能作为维持生计的基础，因而他和燕妮不得不打消结婚的念头，继续等待。

从 1842 年 4 月开始，马克思开始为《莱茵报》撰稿，10 月，《莱茵报》的股东们委任马克思为编辑；1843 年 3 月，马克思被迫退出《莱茵报》编辑部。接着又与阿尔诺德·卢格磋商，关于共同从事著作出版的计划。1843 年 6 月 19 日，他才到克罗茨纳赫，与燕妮·冯·威斯特华伦结婚。从他们私自约订终身到结合，燕妮等待了漫长的七个年头。在这七年中，她除了与未婚夫马克思有过少数的几次相聚之外，就只能从远处用自己的思念和书信陪伴他。

之后，燕妮一心服侍丈夫马克思。抄写他的手稿，纠正其中的错误并润色。在与马克思的婚姻生活中，她一共生育 6 个孩子，但只有 3 个女儿艾琳娜、珍妮和劳拉活了下来。三个女儿深受父亲的影响，她们分担了马克思的部分工作或者参与到工人运动中。

由于马克思对共产主义事业的卓越贡献，对地主、资产阶级无情揭露和批判，使得一切反动势力诅咒他，驱逐他。马克思不得不携持家小四处转移，其生活困难有时达到难以想象的地步。1850 年 3 月底，随马克思一起流亡伦敦的燕妮写信给好朋友约瑟夫·魏德迈时，描绘了她当时的生活情况："因为这里奶妈工钱太高，我尽管前胸后背都经常疼得厉害，但还是自己给自己孩子喂奶。这个可怜的孩子从我身上吸去了那么多的悲伤和忧虑，所以他一直体弱多病，日日夜夜忍受着剧烈的痛苦。他从出生以来，还没有一夜，能睡着二三个小时以上的。最近又加上剧烈的抽风，所以孩子终日在死亡线上挣扎。由于这些病痛，他拼命地吸奶，以致我的乳房被吸伤裂口了；鲜血常常流进他那抖动的小嘴里。有一天，我正抱着他坐着，突然女房东来了，要我付给她五英镑的欠款，可是我们手头没有钱。于是来了两个法警，将我的菲薄的家当——床铺衣物等——甚至连我那可怜孩子的摇篮以及比较好的玩具都查封了。他们威胁我说两个钟头以后要把全部东西拿走。我只好同冻得发抖的孩子们睡光板了。……"马克思和燕妮只有三个女儿，即长女珍妮、次女劳拉、三女儿艾琳娜长大成人。当时，多亏了海伦·德穆特·琳蘅，如果没有这样一个忠实的助手，那就很难设想燕妮和她的孩子们后来怎样过下去。

马克思与燕妮的黄昏之恋更加强烈。1880年，燕妮可能患了肝癌，她以惊人的克制力，忍受着极大的疼痛。在这胆战心惊的岁月，马克思照料妻子，不离左右。为了要让她快活些，马克思于1881年7、8月间，陪燕妮到法国去看望大女儿和几个外孙。1881年秋天，由于焦急和失眠，体力消耗过度，马克思也病了。他患的是肺炎，有生命危险，但他仍然忘不了燕妮。他们的小女儿在谈到双亲暮年生活的时候说，"我永远也忘不了那天早晨的情景。他觉得自己好多了，已经走得动，能到母亲房间里去了。他们在一起又都成了年轻人，好似一对正在开始共同生活的热恋着的青年男女，而不像一个病魔缠身的老翁和一个弥留的老妇，不像是即将永别的人。"

1881年12月2日，燕妮长眠不醒。这是马克思从未经受过的最大打击。燕妮去世那天，恩格斯说："摩尔（马克思的别名）也死了。"在以后的几个月里，他接受医生的劝告，到气候温和的地方去休养。可是不论到哪儿都忘不了燕妮，止不住悲痛。他写信给最知己朋友说："顺便提一句，你知道，很少有人比我更反对伤感的了。但是如果不承认我时刻在怀念我的妻子——她同我的一生中最美好的一切是分不开的——那就是我在骗人。"

对马克思来说，燕妮不仅是他一生挚爱的妻子，也是他精神上的伴侣和事业上的助手。每当马克思有了新的想法，他总是会和燕妮交流。马克思的字迹非常潦草，他的很多著述，都是经由燕妮的誊抄之后，才交付出版的。在马克思投身革命事业和理论研究的艰苦岁月中，也是燕妮挑起家庭的重担，在极端困苦的情况下抚养孩子。

可以说，燕妮也是一个政治家。她与马克思两个人是有着共同理想的，互相有着深深的热烈之情，以对方的痛苦为自己的痛苦，对方的骄傲为自己的自豪。这样的两个人，几乎满足马克思对于爱情的全部定义。

四、反思爱情：马克思爱情观的现实意义

马克思的爱情观科学诠释了什么是爱情、怎样追求爱情，更难能可贵的是他以毕生的爱情经历定义了爱情的内涵。无论是马克思对这类问题的精辟论述，还是他对其爱情观的躬身实践，对于指导我们正确看待男女爱情和伦理关系的矛盾，仍然具有十分重要的现实意义。

（一）提供一种崇高的爱情理想模式

马克思的爱情观，体现了个体性与社会性、精神性与物质性、阶段性与长期性、自由与责任的统一。马克思青年期爱情理想的特点，是高层次、高目标、高水准的爱情理想。它为我

们提供了崇高爱情的一个理想模式。这一模式的基础是社会性的精神需要，它的最终目标是共同为实现人类幸福而奋斗，它的选择标准是追求真善美的和谐统一体，它以深沉的情感信息交流为交往的方式，以高尚的爱情道德为行为准则，以互敬互爱、互信互谅的态度和自我牺牲的精神，来使爱情的理想成为理想的爱情。

马克思青年时期的爱情理想模式

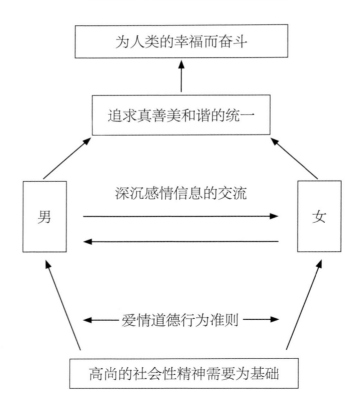

马克思这一爱情理想模式的具体实践，不仅后来成为他实现伟大的社会理想的一个重要组成部分和事业上取得成功的保证因素，而且为我们今天建设高度的社会主义精神文明和实现生活方式、精神状态的重大变化提供了一个范例。这正如列宁所指出的："共产主义应当带来的不是禁欲主义，而是愉快活泼的精神以及也由完满的恋爱生活所产生的蓬勃的朝气。" 这种爱情理想模式是多种心理品质构成的。它包括对人类幸福的关注、热爱，未来社会的憧憬、人生的追求、美好的情感，深刻的感情记忆、正确的感情论断和崇高的情操、坚定的意志、坚强的性格、高格调的审美才能，以及科学、文化、艺术的高水准素养等要素。

（二）呼唤一种积极的爱情观教育

一种崇高的爱情观的树立，既有主观因素，也有客观因素，其中外在的教育至关重要。马克思这种爱情理想的模式和多种心理品质的形成，主要来自良好的家庭教育，受到父母之间真挚相爱的熏陶，受到学校的民主主义、人道主义思想以及人类优秀的科学、文化、艺术等影响。其中，他父亲卓有成效的爱情教育起着十分重要的作用。燕妮在给马克思的信中谈道："他是为我们爱情祝福的卓绝的人。他是我们爱情力量的太阳。"可见，树立一种崇高的爱情观的前提，离不开正确的、积极的爱情观教育。

　　马克思父亲对马克思的友谊和爱情教育，是马克思爱情理想形成的基础。还在马克思中学时代，他就关心马克思与燕妮之间真挚友谊的建立和发展。马克思中学毕业后与燕妮确定超常的友谊时，他父亲对此给予了充分肯定和良好祝福；并谆谆教导马克思要珍惜这一不寻常的友谊，信守不渝和以高尚的道德来对待这一珍珠般的友谊。他在给马克思的信中写道："亲爱的卡尔，你是幸福的，像你这样年纪的年轻人能得到这样的幸福是少有的。在你刚踏上人生第一个重要历程的时候就找到了朋友，而且是一个比你年长又比你老练的可敬的朋友。你要知道珍惜这种幸福。友谊在真正经典的含义上来说，是生活中最美好的明珠，而在你这样的年纪，这种友谊则是人生的明珠。"马克思为得到父亲的支持，感到十分高兴。同时，他也接受了父亲的忠告，在后来的实践中，他没有辜负父亲的期望。在与燕妮由友谊向爱情发展的过程中，他的性格、灵魂以至道德都经受了考验，成为无愧于燕妮的真正的人。

　　后来，在同马克思的通信中，马克思父亲把爱情教育作为整个教育的一个重要部分。他教育马克思：要用自己模范品行去赢得恋人的好感，不要采取狂热的感情；要尊重、信任恋人，要对她始终如一，不要怀疑；要把爱情看作一种神圣的义务，要以人类最高的美德——自我牺牲精神去对待自己所爱的人，要为她的幸福做出必要的牺牲，不要有自私、自负的心理；要有男子汉的坚强性格，不要在爱情上一遇波折就失望。

当马克思与燕妮在感情上产生误会时，他及时进行指导和调解。他教育马克思要事事处处爱护和关怀燕妮，并要理解燕妮的心理和个性。他写信给马克思说："燕妮对你保持沉默是出于少女的羞涩，我常常从她身上觉察到这一点，这当然不是缺点，相反，这更增添了她的其他的魅力和良好品质。"当他得知马克思因为没有收到燕妮的信而产生怀疑时，他主动写信给马克思进行解释说："不过她不久就要来了。她没有给你写信，（我只能这样说）是孩子气和任性。因为她以最大的牺牲精神爱着你，这是毫无疑问的，她差不多快要用生命来保证这一点了。"马克思通过父亲的开导和教育，消除了疑虑，对燕妮知之更深、爱之更切。由此可见，马克思爱情理想的形成和理想爱情的实现，与父亲卓绝的爱情教育是分不开的。

当今，研究马克思青年期爱情理想的特点和形成，以及他父亲的爱情教育，让我们受到许多深刻的启示。在当代青年男女建立友谊和爱情过程中，如何提高其心理水平，建立崇高的爱情理想，以高尚的爱情道德为准则来使彼此的爱情朝着健康美满的方向发展。这不仅是摆在每个青年面前的重大问题，而且是进行社会主义精神文明建设的重要任务之一。与此同时，也给我们提出一个新的课题，即如何在进行共产主义理想教育、道德教育、审美教育的同时，能够针对青年的特点进行爱情教育，让他们道德的成熟性走在身体的成熟性前面，让崇高的爱情理想的形成走在爱情行为实践的前面。让爱情真正成为一本展示心灵美的教科书：是一团火，点燃起求知的欲望和劳动的热情；是一面镜子，看到自己追求的理想和学习的榜样；是一种希望，共同去创造未来幸福的明天。面对全面深化改革的形势，让我们从一些封建、庸俗、低层次、不科学、不道德的爱情观念中解放出来，开展高层次的爱情理想教育的实验研究，为提高广大青年的爱情理想水准做出努力，为他们建立幸福美满的理想爱情做出应有的贡献！

（三）树立一种高贵的爱情典范

马克思对燕妮的情爱愈是炽热，愈是疯狂，燕妮就愈是担忧，她在给卡尔的信中写道："唉，卡尔，我的悲哀在于，那种会使任何一个别的姑娘狂喜的东西，即你的美丽、感人而炽热的激情、你的娓娓动听的爱情词句、你的富有幻想力的动人的作品——所有这一切，只能使我害怕，而且，往往使我感到绝望。我越是沉湎于幸福，那么，一旦你那火热的爱情消失了，你变得冷漠而矜持时，我的命运就会越可怕。卡尔，你要看到，由于担心保持不住你的爱情，我失去了一切欢乐。我无法尽情陶醉在你的爱情里，因为我觉得它再也得不到保证了。对我来说，没有比这个更可怕的了。"燕妮对卡尔的一往情深，使她产生矛盾的心理，马克思用诗表达对燕妮忠贞不渝的感情：活着我们同呼吸，死后咱俩合安葬。事实上，随着岁月的流逝，不管在颠沛流离的生活中如何艰难困苦，马克思对燕妮的爱情犹如一坛老酒，愈酿愈醇，愈酿愈香。马克思的婚姻是多产的也是多灾的，有三个孩子先后夭折，对马克思的打击是沉重的，但没有磨灭马克思对燕妮的炽热情感。

作为新时代的青年，只有把爱情融于中华民族伟大复兴的中国梦中，才能给自己的人生及爱情赋予真正的意义。特别是青年大学生，要树立正确的恋爱观，学习马克思和燕妮的爱情典范。

一方面，要端正恋爱动机。恋爱是寻找未来志同道合、白头偕老的终身伴侣，而不是为了安慰解闷，寻找刺激，更不是单纯为了性的满足。恋爱对象的选择是一个复杂的过程，不能忽视经济、政治、文化、个性等因素；但是，共同理想的指向，共同品德和情操是最根本的。恋爱动机好坏，直接关系恋爱成功与否。大学生作为新时代的国家栋梁，其恋爱观应当是理想、道德、事业和性爱的有机结合。

另一方面，要正确处理好恋爱、学业、事业三者之间的关系。恋爱是人生的一件大事，但并不是人生的全部。大学生要以学业为重，因为学习是大学生的主要目的。事业高于爱情，主张事业为主，不宜过早地恋爱；但也不要认为爱情是事业的绊脚石，处理得好的话，爱情也能对事业起到催化作用。

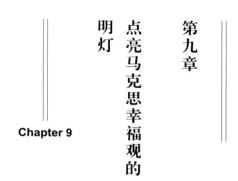

第九章　点亮马克思幸福观的明灯

Chapter 9

　　追求幸福是人类永恒的话题。费尔巴哈说过："人的任何一种追求也都是对幸福的追求。"古往今来，每个人都按照自己的生活轨迹，采用适合自身的方式来追求幸福。因此，对幸福的理解和感受始终是千差万别的。人们站在不同的立场、以不同的方式对幸福作出不同的诠释，产生了形形色色的幸福观。马克思作为人类最伟大的思想家，毕生追求的事业就是为了实现人类的解放和幸福。站在无产阶级和广大人民群众的立场上，马克思的幸福观不仅具有唯物史观的立论基础，而且具有观照全人类的视野和解放全人类的胸怀，就像一盏明灯照亮着人们前行的路。

一、马克思幸福观的理论来源

马克思的幸福观是指马克思对幸福的总的看法与观点。虽然马克思并没有对幸福观进行系统完整的论述，但其作品中无处不体现着马克思的幸福观，成为当今人们追求幸福的重要导航和价值标杆。马克思的幸福观不是凭空而来的，而是对前人幸福追求的反思和超越。比如，康德的德性幸福观、费尔巴哈的感性幸福观，都是马克思幸福观的理论来源。

（一）康德的德性幸福观

康德的幸福思想，是在批判快乐主义幸福观的基础上建立起来的。他提出用善良意志指导人的行为，在世界中，除了善良意志，没有其他的无条件的善的东西。从现实看，康德的这一论点隐含着内在的矛盾，即拥有善良意志的人未必就是幸福的人。康德也意识到这一点，为此他提出"至善论"来试图解决。康德认为，在至善概念中，只有德行才能居于最高地位，而且在一定条件下，德行也必然产生幸福，从而实现至善这个完善境界。因此，"道德乃是至上的善（作为至善的第一条件），至于幸福则构成至善的第二要素……只有在划分了这样一种先后次序之后，至善才能成为纯粹实践理性的全部对象"。这种观点，与康德把善良意志作为幸福的条件的看法一致。

为解决德福矛盾，康德提出三个假设：灵魂不朽、上帝存在、意志自由。试图依赖于来世生活和彼岸世界，通过意志自由，把在尘世中相对立和矛盾的幸福与德行调和统一起来。尽管康德把人的德行置于幸福之上，并把德行与幸福的统一通过三个假设推向彼岸世界，但他毕竟承认了幸福的道德意义，承认了人有享受幸福的权利。同时，反映了康德思想自身的内在矛盾：一方面，康德反对把关系到人的利害关系的幸福，与纯粹的道德放在一起考察；另一方面，他看到，人们追求幸福的权利不能剥夺。虽然没有彻底解决这些矛盾，但康德对这种矛盾的认识和处理，对马克思思考幸福的含义和实现条件都有启发意义；特别是对马克思将道德视为实现幸福的重要条件，具有直接的借鉴意义。

（二）费尔巴哈的感性幸福观

费尔巴哈以感性为基础，建立庞大的幸福思想体系。他公开对宗教神学批判，否认来世的、天国的生活，提出人们关注现实的社会生活幸福。

费尔巴哈幸福思想包括三个方面：其一，追求幸福是人的本性。费尔巴哈认为，人是自然界的一部分，是自然界的产物，自然性就是人的本质。这是其幸福论的出发点。费尔巴哈指出：一切生物都"是对生命的爱、对自我保存的愿望、对幸福的追求"。对幸福的追求，是一切有生命的生物基本的和原始的追求。其二，幸福是道德的基础和源泉。费尔巴哈认为，宗教道德鼓吹禁欲主义和自我牺牲是完全违背人的本性，是一种冷酷的、空虚和残酷的道德。他理解的德行是靠一定条件来维持的，如果缺乏生活上的必需品，那么就缺乏道德上的必要性。人们的物质生活条件是幸福和道德的基础与前提，只有提高人们的物质生活水平，实现生活中的快乐和幸福，才能产生道德，才能维持和提高人们的道德水准。费尔巴哈在一定程度上看到人的物质生活水平与人的道德的关系，其论述接近历史唯物主义的观点。其三，在个人幸福与社会幸福的关系上，费尔巴哈强调自身享受幸福的同时，不能剥夺他人的幸福。

客观地说，费尔巴哈对幸福的认识停留在唯心史观的立场和视域中，没有看到现实物质条件和社会生活对幸福的决定作用；但他强调道德和幸福的关系，个人幸福与社会幸福的关系等，对马克思思考和认识幸福问题，具有重要的启发意义。

（三）马克思著作中的幸福观

马克思首次提出对幸福的看法是："在选择职业时，我们应该遵循的主要指针是人类的幸福和我们自身的完美。不应认为，这两种利益是敌对的，互相冲突的，一种利益必须消灭另一种的。人类的天性本身就是这样的：人们只有为同时代人的完美、为他们的幸福而工作，才能使自己也过得完美"，"历史承认那些为共同目标劳动因而自己变得高尚的人是伟大人物，经验赞美那些为大多数人带来幸福的人是最幸福的人"。在这里，马克思把为人类幸福而工作而劳动作为一种追求和一种目标，或许连他自己都不曾想到，自己一直为这个目标劳碌了一辈子，奋斗了一生，奉献了一生。

对幸福看法比较明显的，还有在《1844 年经济学哲学手稿》《资本论》等著作中的叙述。然而，马克思并不像中学时那样，对幸福有着正面的憧憬与希冀，而是通过幸福的对立面——不幸，来揭露资产阶级对工人劳动者进行的无情与残酷的压迫。在《1844 年经济学哲学手稿》的异化劳动学说中，马克思阐述了物的异化、自我异化、人的"类本质"对人的异化以及人对人的异化，批判了资本主义生产关系下工人劳动者的畸形劳动遭受的苦厄。换言之，"在私有制条件下，社会劳动始终是异化劳动，正是这种异化劳动，使劳动者陷入悲惨境地。人类所承受的不是幸福，而是不幸"。在《资本论》中，马克思深刻分析资本主义发展的过程，包括资本主义生产关系和生产方式等，揭示了资本主义的生产规律，创立了剩余价值理论；并利用大量的真实数据把历史和经济结合起来，对资本主义进行了彻底的批判。马克思写道，"1864 年，3 个谋利者从总利润 4368610 镑中只捞去 262819 镑"，"要想享有十足的幸福，爱尔兰至少还应该排出 30 多万工人"。这似乎是在描述谋利者为幸福而努力的过程，实则是在讽刺和批判"谋利者的努力"，因为其"努力"是建立在工人的不幸与痛苦基础之上的。

因此，无论是在早期作品还是后期著作中，无论是正面角度还是反面角度，都表达出马克思对幸福的看法与观点，反映了马克思对人类幸福的关怀，与对这一追求付出的终身努力。

二、马克思幸福观的基本内涵

马克思幸福观认为，人类的需求是追求幸福的动力，劳动是追求幸福的途径，人的自由全面发展是幸福的保障。在中国，马克思幸福观同中国具体实际相结合，摒弃以往思想家抽象地把幸福简单归结为享受的片面看法，认为实现幸福必须从现实的个人及其物质生活条件和实践出发。

（一）实践和人的现实生活是幸福的物质前提

实践是马克思幸福观的物质前提。对幸福的追求是人的本性，是在实践活动中展开和实现的。实践是人独特的生存活动，是人最根本的创造自我价值的活动，是人特有的超越自我、追求幸福的活动。人的实践活动，一方面改变了自然的原初形态，把自己的目的、追求和本质力量投射到对象上去；另一方面人在不断改造自然界的同时，不断创造自我。人的现实生活世界是由人的实践生成的，实践活动是人最基本的创造性活动，它通过人和自然的统一表现出来，而且正是在这种统一中体现着实践的价值性，体现着人类对幸福的追求。人类历史是人在现实生活世界的提升和跃进中不断走向自由解放的历史，也是人追求幸福和实现自身本质的历史。正如马克思所说的，"人应当通过全面的实践活动获得全面的发展。"

现实生活是幸福的根基。马克思认为，幸福应当建立在一定的物质条件基础之上，离开物质条件，幸福将成为无源之水、无本之木。他指出，我们首先应当确定一切人类生存的第一个前提，也就是一切历史的第一个前提，这个前提是："人们为了能够'创造历史'，必须能够生活。但是为了生活，首先就需要吃喝住穿以及其他一些东西。因此第一个历史活动就是生产满足这些需要的资料，即生产物质生活本身。" 物质财富的积累离不开劳动，因此劳动在实现幸福的过程中具有十分重要的作用。马克思指出："对社会主义的人来说，整个所谓世界历史不外是人通过人的劳动而诞生的过程，是自然界对人来说的生成过程。"马克思所谓的生活世界，是以实践或对象化活动为基础的；他所理解的现实生活世界，就是人类所生活的现实社会及一切交往活动。这样的世界是有意义的世界，是人类创造的、实现人类自身发展的世界，是人生活在其中的世界，是能够体验到人的幸福的世界。马克思把现实生活世界作为人类幸福的真实根基，在其中建立起来的幸福观，既克服了在自然世界中把幸福看成是单纯的肉体感官享受，又克服了理性主义和宗教神学中，人类幸福受绝对精神和上帝支配的命运。

（二）需求与欲望是追求幸福的内在动力

无论何种幸福观，均有一个立论的前提和出发点。人类追求幸福的内在驱动力，是人类在生产生活过程中的需求。对需求的满足乃人类幸福的基础，如果没有需求也就毫无动力可言。人类为了能够满足自身的基本需求，必须进行各项物质生产活动，基本物质生活需求的满足为幸福提供了基础和保证；进而为满足其他各种合理需求进行的生产活动，提高了获得幸福的可能性，拓宽了获得幸福的渠道。

马克思的幸福观充分肯定需求和欲望的满足对实现幸福的必要性，并把需求和欲望看作是追求幸福的内在动力。事实上，在现实生活中，幸福与需求、欲望的满足密不可分，可以说没有欲望和需求的满足与实现，就不会有人生的幸福。当然，物质需求和欲望的满足，仅仅是人们获取人生幸福的第一步。马克思在肯定物质幸福的同时，进一步强调精神幸福的重要性。人不仅是自然存在物，更重要的是人具有社会性。马克思指出："吃、喝、生殖等等，固然也是真正的人的机能。但是，如果加以抽象，使这些机能脱离人的其他活动领域并成为最后的和唯一的终极目的，那它们就是动物的机能。"在马克思那里，他曾经多次谈到过精神需求的内容：如对科学的向往、对知识的渴望、他们的道德力量和他们对自己发展的不倦的要求；对学说、交往、联合、叙谈、真情的需要为自身利益进行宣传鼓动，订阅报纸，听课，教育子女，发展爱好等的需要。诚然，从物质需求的满足中获取愉悦感是人与动物的共性，而精神的幸福却只能为人类所独享。由物质需求而带来的幸福是短暂的、初级的，由精神追求的满足而带来的幸福则是持久的、深刻的。由此不难看出，马克思的幸福观是强调物质幸福与精神幸福之间的辩证统一关系。

（三）劳动是追求幸福的途径和源泉所在

这里的劳动并非马克思在《1844年经济学哲学手稿》中提到的异化劳动，而是指自由的有意识的活动，在自由自觉的劳动中创造出来的价值才具有意义，才能真正体会到幸福的滋味。幸福不是虚无的存在，而是通过实实在在的劳动实践活动创造出来的，作为劳动实践主体的人类，通过劳动进行生产生活满足了物质上的需求，通过劳动对自身以及对社会的价值和意义获得了满足感。因此，我们可以看出，人不仅通过劳动获得享有幸福的基本条件，而且能够在劳动中充分地健全、发展身心，积极挖掘自己作为人的潜能，实现自己内在的本质力量，切身体验生命的存在价值，实现自身的全面发展，获得自身精神层面的追求，从而成为真正的人，获得更为深沉的幸福感。所以说，人类通过劳动不仅创造物质财富而且创造精神财富，从而获得幸福。

人的需求的满足是实现幸福的必要条件，但幸福在满足人的需求的同时，又要通过人的劳动和创造而实现，人是自身幸福的创造者，劳动是幸福的源泉。劳动创造了人，也创造了人类社会。马克思多次强调："任何一个民族，如果停止劳动，不用说一年，就是几个星期，也要灭亡，这是每一个小孩都知道的。""整个所谓世界历史不外是人通过人的劳动而诞生的过程，是自然界对人来说的生成过程。"正是在劳动的过程中，人才能证明自己的本质力量，才认识到自己存在的价值，才真正地证明自己是类存在物。当然，并非任何条件下的劳动都能创造幸福。马克思曾批判资本主义条件下的劳动异化现象，他认为在资本主义社会中，劳动者与他们所生产的产品之间存在着异化。人类社会的历史不仅是一部劳动发展的历史，而且应当是一部人类不断追求自身幸福的历史。

（四）道德是实现幸福的重要条件

在马克思看来，道德是实现幸福的重要条件。"人的本质不是单个人所固有的抽象物，在其现实性上，它是一切社会关系的总和。"在道德与人生幸福的关系上，首先，应该看到道德是人类把握世界的特殊方式。马克思在《〈政治经济学批判〉导言》中，将人类把握世界的方式分为：科学精神、艺术精神、宗教精神和实践精神。道德以实践精神来把握世界。它以善恶评价为主要手段，以应当与不应当为尺度，告诉人们什么样的人生最理想，什么样的品质最高尚，应该如何完善人格和提升人生境界，从而让人生更充实、更圆满、更有意义、更有价值。其次，应当看到道德在协调人际关系，实现人的社会性价值的重要意义。道德是一种重要的调节手段，它通过社会舆论、传统习惯、内心信念来指导和纠正人们的行为，协调各种社会关系。一个道德的人，是有益于他人和社会的人，能获得他人和社会更多的赞誉与支持，这有助于获得幸福；反之，一个不道德的人，势必人人唾骂、处处碰壁、事事难成，难以获得幸福。再次，道德作为调节人的欲望和需求满足的重要方式，它在调

节人的合理需求和欲望过度满足的关系上具有重要作用。适度
的欲望有利于幸福的实现，因为欲望是一种重要的驱动力。但
过多、过强的欲望会阻碍幸福的实现，甚至导致不幸。马克思
承认欲望存在的客观性，但更强调人的社会性，主张把欲望控
制在合理、适度的范围内。道德是对人的尊严、理性和本质的
确认，是合理控制欲望的重要手段。人们为了有尊严地生活，
会自觉地接受道德规范的约束，将自己的欲望控制在许可的范
围内。

道德作为实践精神，具有鲜明的理想性，体现着主体对"应
当"的追求，对实现幸福具有重要作用。道德立足于现实，展
示完美的理想人格，激励人们为此而努力奋斗；它褒扬真善美、
贬抑假恶丑，激发人们道德上的认同感、成就感和尊严感，促
使人们知善从善，见贤思齐、见不贤而自省，从而不断自我完
善。道德反映社会生活的应然状态，体现人对自身完整性的追
求，是人生幸福的必要条件。同时，高尚的道德给人以深刻而
持久的满足，本身也是一种幸福。因此，追求幸福应当与完善
道德结合起来，以高尚的道德实现幸福人生。

（五）人类自由全面发展是幸福的终极价值目标

马克思的幸福观不仅强调人的物质需要的满足，不仅强调
个人的正当的物质利益；更重要的是，它把个人的幸福与集体
和社会的幸福紧密地连在一起，他所倡导的个人"最大幸福是
为大多数人带来幸福"。马克思的幸福观是在强调自身的完美与

人类幸福之间的统一性。他曾经指出，如果一个人只从利己主义的原则出发，仅仅考虑如何满足个人的欲望，那他有可能成为出色的诗人、聪明的学者、显赫一时的哲学家，但他绝不可能成为伟大的人物，也不可能获得真正的幸福。在某种程度上，我们可以认为，马克思是用自己无私奉献的一生，向人们诠释其对幸福的理解、向往与追求，他的幸福观的终极价值指向就是人类的自由全面发展。

　　人的自由发展，是指人在作为社会发展中的独立主体，能自由发挥自身能力并且不受阻碍地进行创造性活动；而人的全面发展，是指人在各方面的充分协调发展，包括每一个社会成员的本质、社会关系、社会特性等方面。自由发展与全面发展互相结合，通过自由全面的发展，人享有了追求幸福、享受幸福的权利，如恩格斯在《共产主义信条草案》中提及的："社会的每一个成员都能完全自由地发展和发挥他的全部才能和力量，并且不会因此危及这个社会的基本条件。"而共产主义社会是人自由全面发展的理想状态，在该状态中进行自由全面的发展为最终幸福的实现提供了保障，"每个人都可以在任何部门内发展，社会调节着整个生产，因而使我有可能随我自己的兴趣或心愿今天干这事，明天干那事，上午打猎，下午捕鱼，傍晚从事畜牧、晚饭后从事批判，但并不因此就使我老是成为一个猎人、渔夫、牧人或批判者"。如斯生活，岂不乐哉？

三、马克思幸福观的内在统一

马克思的幸福观，具有物质幸福与精神幸福相统一、个人幸福与社会幸福相统一、当下幸福与未来幸福相统一的显著特征。

（一）物质幸福与精神幸福的统一

物质生活与精神生活，是人类社会生活的两大形式。马克思认为，真正的幸福是物质幸福与精神幸福的结合。首先，抛开生存条件谈幸福是不现实的。很难想象一个衣不蔽体、食不果腹，终日处于死亡威胁中的人会感到幸福。其次，物质需求的满足程度，影响精神需求的满足。正如马克思所说："忧心忡忡的穷人甚至对最美丽的景色都没有什么感觉。"再次，物质需求的尽可能满足，是实现幸福的重要条件。不能说物质条件优越，就一定幸福；物质条件不优越，就一定不幸福。当然，不是说单一的物质需求得到最大满足就是幸福的。马克思基本认同马斯洛的需要层次理论，认为人的物质需求的满足是基础和前提，但在具备物质条件和物质需求得到一定程度满足的时候，精神需求就更为强烈，而且这种满足具备更高的实现程度和持久性。

马克思既肯定物质幸福，又强调精神幸福。人通过物质需求的满足获得物质上的幸福感，社会因此得到劳动创造和生产发展不断地向前进步。然而，人的幸福不仅源于物质上的满足，还来自精神上的满足，包括精神文化成果以及创造该成果过程中所体现出来的价值与意义。可以说，物质幸福具有时效性，而精神幸福具有纵向深远的特点，物质需求较为注重当前即时的幸福，而精神上的幸福却能持续很久，对人类社会、子孙后代的发展具有其独特的能动作用。物质幸福与精神幸福是统一不可分割的，物质幸福是前提和基础，只有在物质基础上才能进行精神活动的创造与追求；精神幸福不可脱离物质幸福而单独存在，否则会转向唯心主义，脱离物质的精神创造是虚无并站不住脚的。一个物质生活富裕而精神生活匮乏的人是不幸福的，反之，一个精神生活富足而物质生活贫困的人也是不幸福的。在追求幸福时，要注重二者统一，不可单纯追求物质幸福，也不可离开物质获取精神幸福，在创造与享受物质幸福的基础上，要充实精神生活，体现其价值意义。

（二）个人幸福与社会幸福的统一

马克思非常强调个人与社会的统一性关系，认为个人幸福与社会幸福相互统一、相辅相成。以前的思想家往往看不到人的社会性，把人仅仅看作个体，甚至把社会当作抽象的东西，同个人对立起来，这不仅不利于个人幸福的实现，也不利于社会的发展进步。任何人在追求幸福的过程中，都必然要与他人和社会发生联系。即便是最孤立的个人活动，也不能脱离社会关系，不能脱离为其创造条件的社会文化背景。对此，马克思作了深刻的说明："个人是社会存在物。因此，他的生命表现，即使不采取共同的、同其他人一起完成的生命表现这种直接形式，也是社会生活的表现和确证。"伴随人类社会分工的发展和分工越来越精细，生产社会化程度越来越高，个人幸福的实现越来越依赖于社会的进步和共同体的发展。马克思认为，个人幸福不仅只有在社会中才能实现，而且只有为社会谋求幸福，才是最高意义的幸福。个人需求、目标的满足与实现，只是一般意义上的幸福；为整个社会、整个人类谋求幸福，才是幸福的最高境界，才是无产阶级的幸福，才是共产党人的幸福。共产党人的幸福观，远远超越狭隘的个人幸福。

每个人是社会的独立主体，社会由每个独立主体组成，个人的发展依赖于社会的发展，社会发展需要每个社会成员的合力来推动。马克思从来都没有把个体的人孤立于社会而抽象地谈论人的幸福，个体的幸福与全体的幸福是相依相济的。他认为，个人须以社会集体为存在对象，只有在集体中才有可能有个人幸福。可见，个人幸福须以社会幸福为大环境和基础，不能脱离社会这个大环境去创造幸福，社会幸福为个人幸福提供了保障；而个人幸福的集合则促成社会幸福，社会幸福离不开所有社会成员的劳动和创造，个人幸福与社会幸福相一致时，才能体现双赢的幸福。

（三）当下幸福与未来幸福的统一

当下幸福是指为满足当下需求，通过劳动实践进行生产生活所获得的幸福，它包括物质生活的满足与精神生活的享受。有人认为，只有当下为最重要，只需满足当下、享受当下，更有甚者不惜牺牲未来，这种做法与竭泽而渔无异。未来幸福关系子孙后代的幸福，关系人类社会的长远发展与历史走向，为人类未来发展提供更多的可能性。如果只为了追求当下幸福而不顾未来发展，留给子孙后代的只能是不幸。因此，当下幸福与未来幸福理应是统一不可分割的，为当下幸福奋斗的同时更要高瞻远瞩，做好未来幸福的规划；追求未来幸福的过程中要夯实基础，脚踏实地。对于幸福，不仅要享受当下幸福，立足当下；更要展望未来幸福，赢在未来。

在马克思之前，人们对幸福的追求曾经存在着一些错误的倾向。其一，割裂个人幸福与集体幸福之间的联系，过分强调其中的一方，忽视甚至否定另一方面。比如，以亚里士多德为代表的理性主义幸福观、以伊壁鸠鲁为代表的感性主义幸福观、西方的宗教幸福观以及中国传统的幸福观等，都片面地把追求个人的幸福作为出发点；而柏拉图的"理想国"、莫尔的"乌托邦"、傅立叶的"和谐制度"，以及中国古代社会中人民群众对"大同""小康社会"的向往和追求等，实际上都在强调把集体幸福作为自己的价值目标。其二，把物质生活和精神生活绝对对立或者割裂开来，产生禁欲主义和享乐主义两种极端的幸福观。在宗教神学观念的影响下，禁欲主义者把人们的物质欲望当作邪念，把人类肉体的需求视为邪恶加以压抑和禁止，而把精神的满足简单地看作是真正的幸福。享乐主义者则矫枉过正，他们在让幸福从天国回到人间的过程中，片面地强调个人的物质享受，而忽视甚至排斥健康的精神生活，把感官的满足和尘世的快乐作为幸福加以追求。伊壁鸠鲁指出："我们的一切取舍都从快乐出发，最终目的乃是得到快乐。"费尔巴哈更是认为一切人，甚至一切生物，都把追求快乐和幸福作为其终极目的。其三，离开社会经济关系和阶级利益，抽象地、片面地去谈论人们的幸福目的和愿望。这实际上是撇开人的社会性和人的历史发展去理解人的本性，在把人仅仅当作个体存在物的情况下，把人的幸福错误地理解为个人生活的快乐。

四、马克思幸福观的理论特征

基于唯物史观基础形成的马克思幸福观，在理论基础、幸福目标和实现幸福的主体力量和途径等方面，超越了同时代的其他幸福观，体现出鲜明的阶级性、革命性与世界历史性等特征。

（一）批判性

马克思的幸福观作为马克思主义理论体系的重要组成部分，也体现出理论的批判性特征。马克思说："任何真正的哲学都是自己时代精神的精华。"幸福观作为哲学的重要组成部分，是一种从幸福角度反映时代精神的理论。以康德、费尔巴哈等著名学者为代表的思想家，立足于 19 世纪初的时代和理论，对什么是幸福，如何实现幸福的问题进行颇多思考，形成了许多不同的思想观点。马克思通过批判和吸收这些思想观点，促进自己对幸福问题的思考，提出了自己的主张。

19世纪初期的幸福观，在西方近代哲学的土壤上，继承了前人尊重人和人世幸福的思想。它在强调理性、经验和人性，关注道德和利益以及个人和他人、社会的矛盾关系，重视人的现实幸福等方面的论述是较之此前幸福观的进步之处，为幸福观发展提供了理论条件。但是，由于当时社会历史状况的不成熟性，其具有相似的理论缺陷：抽象的人性观基础，是它们存在缺陷的原因之一；在人性问题上的认识缺陷，造成他们对个人幸福和社会幸福关系探讨得不足；他们提出的幸福目标不具备实现的条件。马克思把人的本质放在实践范畴中去理解，找到了理解人的全面发展的钥匙，在科学解释人类社会历史发展规律的基础上，合理解释了幸福观同人民现实生活之间的辩证关系，即幸福观是人们对现实生活的反思，是特定社会历史条件下的产物。马克思幸福观合理回答了个人幸福同他人与社会幸福的辩证关系，即个人幸福只有通过他人、社会幸福的实现而实现，找到了实现人类幸福的途径和手段——无产阶级的自由解放运动，把人类幸福的实现真正放到人类的现实世界中。

（二）阶级性

以批判资本主义制度下的工人阶级生活不幸为现实起点的马克思幸福观，也就具备了阶级性的理论特征。马克思抛弃那种脱离人的社会性来理解人的观点，认为人是一种社会历史性存在，人的本质是人在自身的实践活动中形成的。人在实践活动中形成的不同的社会关系，决定着人的不同的社会性质，人只有通过一定的社会关系，才能获得人的现实的实践性本质。马克思认为，人们追求幸福的活动必定是在一定的社会生产关系之中，处在不同生产关系中的个人由于具备不同的社会性质，每个人所追求的幸福也不尽相同。在资本主义私有制这一特定社会关系中，无产阶级要实现的幸福目标就是完整的人和全人类幸福的实现。马克思从无产阶级立场出发，批判资本主义的私有制和社会分工这一造成工人生活不幸的原因，阐明无产阶级只有通过自身的自由解放运动，扬弃资本主义制度及造成一切不幸生活的根源，才能实现全人类幸福和自身幸福。

马克思认为，人们追求幸福的活动是一种具体的现实的实践活动，是人在一定的社会关系中开展的。在那种只谈人的生物性而少谈甚或不谈人的社会性的幸福观中，人是一种失去具体现实性的单纯的生命存在，幸福是一种超社会的、超历史的抽象的幸福。马克思的幸福观，从人的各种社会关系中剖出人的生产关系，找到让人们产生不同幸福追求的原因所在，从人的阶级性出发找寻阶级社会中人们追求幸福的实现方式和手段，把实现人类幸福的目标真正放置于社会历史进程中，具有真正的现实意义。在马克思看来，阶级性是人在阶级社会这种特殊发展阶段的表现，资本主义社会中无产阶级要实现的幸福目标，也是表达处在这一特定历史阶段中的无产阶级的需要。

（三）革命性

随着社会历史进程的发展，无产阶级要实现的幸福目标及其实现方式会随之发生变化，这潜在地体现了马克思幸福观的另一个主要特征———革命性。马克思幸福观是立足无产阶级立场，通过无产阶级的自由解放运动，实现全人类幸福的一种理论指导，其内在逻辑是立足于实践范畴的，这内在地包含着革命性的规定。在马克思幸福观的基本内涵中，我们深刻地理解"实际上和对实践的唯物主义者，即共产主义者说来，全部问题都在于使现存世界革命化，实际地反对和改变事物的现状"这一哲学宣言。

人类在物质生产领域的变化，从本质上讲是一种否定性的革命性变革。马克思幸福观把无产阶级对幸福的追求，放置在资本主义这一特殊社会历史阶段中进行考察，认为无产阶级在资本主义社会现实中的不幸生活，内在地包含扬弃这一社会现象的否定力量，任何社会阶段的某一社会现实，都只是人类社会历史进程中的某一暂时性环节。此外，马克思幸福观提出通过无产阶级解放运动，实现人类幸福目标，其带来的社会变革是涉及人与社会关系的一种全面的、彻底的变革，这也体现了马克思幸福观的革命性特征。

（四）实践性

马克思指出："全部社会生活在本质上是实践的"，人们的幸福也不例外。从"哲学家们只是用不同的方式解释世界，问题在于改变世界"的哲学宣言来看，马克思的幸福观注重变革现实世界，指导人追求幸福。在实践基础上形成的、致力于实现社会的人类的现实幸福的马克思幸福观，就内在地体现了实践性特征。

劳动既是人的存在方式，也是创造财富的源泉，其本身也是实践的重要范畴。马克思认为，只有通过劳动创造物质财富和精神财富，才能更好地实现和满足人们的合理需求，提供实现幸福的物质条件和基本的社会条件。人们在劳动中不仅为了简单获得物质利益，而且本身有实现和体现人自身的本质性存在，体现人的价值的重要诉求。因此，通过劳动并在劳动的过程中实现幸福，是马克思幸福观的重要价值指向，这鲜明地体现了马克思幸福观的实践性特征。

五、马克思幸福观的当代启示

一种理论的价值，不仅在于它在多大程度上能解释现实，更重要的是它对现实社会的指导意义。今天，我们在全面建成小康社会、进而全面建成社会主义现代化强国的进程中，应当坚持以马克思的幸福观为指导，在肯定个人正当利益、不断满足人民对美好生活需要的前提下逐步提升幸福，在让劳动者实现体面劳动的过程中感受幸福，在奉献与服务于人类社会的快乐中升华幸福。

（一）在不断满足人民对美好生活需要的前提下逐步提升幸福

　　既然物质资料的生产是人类社会存在和发展的前提与基础，既然需求的满足是个体追求幸福的内在动力，那么我们在发展社会主义市场经济的过程中，就应当充分尊重和保护正当的个人利益。马克思提出，人们奋斗所争取的一切都与他们的实际利益密切相关，人们因利而乐、因利而悲。邓小平曾强调："不讲多劳多得，不重视物质利益，对少数先进分子可以，对广大群众不行，一段时间可以，长期不行。革命精神是非常宝贵的，没有革命精神就没有革命行动。但是，革命是在物质利益的基础上产生的，如果只讲牺牲精神，不讲物质利益，那就是唯心论。"可以说，社会个体利益的不懈追求，既是人类生存和发展之必需，也是经济与社会发展的巨大动力，更是构建社会主义和谐社会的内在要求。因此，在大力发展社会主义市场经济的进程中，我们要确保个体生存、活动和创造所必不可少的条件，让人民群众共享改革发展的成果，在不断满足人民对美好生活需要的前提下逐步提升幸福。

　　当然，人的需求是多层次的、动态的、不断变化发展的。马克思指出，已经得到满足的第一个需要本身、满足需要的活动和已经获得的为满足需要而用的工具又引起新的需要。而这种新的需要的产生是第一个历史活动。随着我国经济社会的迅速发展，人们需要的层次也在不断地提高。马克思、恩格斯曾经把人的需要划分为生存需要、享受需要和发展需要。目前，我国人民的需要正从生存需要的满足向享受需要和发展需要发展。同时，随着物质需要的不断提高，人们还有日益丰富的精神需要，如对真善美的追求、审美情趣的提升、社会交往的不断扩大、自我价值的实现等。党的十九大报告提出："中国特色社会主义进入新时代，我国社会主要矛盾已经转化为人民日益增长的美好生活需要和不平衡不充分的发展之间的矛盾。"我国稳定解决了十几亿人的温饱问题，总体上实现小康，不久将全面建成小康社会，人民美好生活需要日益广泛，不仅对物质文化生活提出了更高要求，而且在民主、法治、公平、正义、安全、环境等方面的要求日益增长。因此，我们只有坚持以经济建设为中心，大力发展生产力，创造越来越多的社会财富，不断满足人民群众对美好生活的需要，才能让人民群众生活得更加幸福、更有尊严。

（二）在让劳动者实现体面劳动的过程中感受幸福

劳动创造财富、孕育幸福，是人类社会文明进步的源泉。中华民族历来就有艰苦奋斗、辛勤劳动的优良传统，如"人生在勤，不索何获""民生在勤，勤则不匮"，都表达了对劳动价值的肯定和敬仰。但不可否认，在两千多年的封建社会中，剥削阶级肆意盘剥劳动人民的劳动成果，出现了劳而无获、获而未劳的异化现象。新中国成立后的一段时间内，所实行的"平均主义"和"大锅饭"，影响了劳动人民的积极性主动性创造性。

经过真理标准大讨论后，人们对劳动的意义以及劳动与幸福的关系有了新的认识。一位学者曾指出："重新发现劳动价值之后，劳动与其他美好的价值也有了新的联系，劳动可以消除贫困带来富裕，劳动可以蕴含成功创造幸福，劳动可以获得财富拥有地位，劳动可以发展自我实现自我。从这些令人向往的价值中能够折射出劳动的价值，而从高涨的劳动热情、昂扬的奋斗精神中，可以深切地体会劳动对人的意义。"

1999 年，在第 87 届国际劳工大会上，新任局长胡安·索马维亚首次提出了"体面的劳动"的概念。其目标是为了让劳动者在自由、公正、安全和具备人格尊严的条件下，获得体面的、生产性的工作机会。2008 年，在"经济全球化与工会"国际论坛开幕式上，胡锦涛在致辞中指出，让各国广大劳动者实现体面劳动，是以人为本的要求，是时代精神的体现，也是尊重和保障人权的重要内容。2015 年 4 月 28 日，习近平在庆祝"五一"国际劳动节暨表彰全国劳动模范和先进工作者大会上的讲话中强调："要建立健全党和政府主导的维护群众权益机制，抓住劳动就业、技能培训、收入分配、社会保障、安全卫生等问题，关注一线职工、农民工、困难职工等群体，完善制度，排除阻碍劳动者参与发展、分享发展成果的障碍，努力让劳动者实现体面劳动、全面发展。"实现体面劳动，是让劳动者生活得更加幸福、更有尊严的题中之义。因此，在全面建成小康社会、进而全面建成社会主义现代化强国的进程中，我们应当全面贯彻落实尊重劳动、尊重知识、尊重人才、尊重创造的方针，进一步保障劳动者的合法权益，大力发展健康和谐的劳动关系，不断健全劳动关系协调机制，不断完善劳动保护机制，让广大劳动者在实现体面劳动的过程中感受劳动和创造带来的幸福。

（三）在奉献与服务于人类社会的快乐中升华幸福

奉献是劳动者自觉、无偿地付出自己的体力、脑力、技能，甚至于财产和生命，为社会创造财富，为他人谋取利益，全心全意地为人民服务的崇高品质和价值取向。马克思的幸福观，虽然尊重和保护个人的正当利益，即承认个人索取的合理性，但其是以奉献和服务于人类社会为最高目标的。马克思说过："能使大多数人幸福的人，他自己本身也是幸福的。"恩格斯曾从反面指出："当一个人专为自己打算的时候，他追求幸福的欲望只有在非常罕见的情况下才能得到满足，而且决不是对己对人都有利。"

随着全面深化改革、扩大对外开放的深入推进，我国人民的生活水平有了显著提高。但受西方个人主义、拜金主义、享乐主义等不良思潮的影响，一些人的人生观和价值取向发生了变化，呈现出极端化甚至扭曲化的倾向，他们一味地强调索取，片面地追求个人利益。不可否认，奉献和索取之间是一种辩证统一的关系，在人类社会和人类自身的发展中不可或缺。其中，索取是奉献的物质保证，没有索取就无所谓奉献；奉献是索取的物质基础，没有奉献就没有人类社会的前进与发展。然而，在坚持和发展中国特色社会主义伟大实践中，我们要以马克思的幸福观为指导，在满足个人正常需求的前提下，大力发扬奉献精神，以人类的自由全面发展为最高价值目标，在奉献与服务于人类社会的快乐中升华幸福。

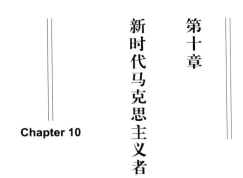

　　时代前进的脚步从来不曾停顿，世界又来到一个"十字路口"。当今世界正在经历新一轮大发展大变革大调整，面对"世界怎么了、我们怎么办？""人类社会向何处去？亚洲前途在哪里？"中国的马克思主义者着眼人类文明发展的历史进程，秉承"世界大同、天下一家""大道之行、天下为公"的理念，致力于推动构建人类命运共同体。近几年来，中国发起成立亚洲基础设施投资银行、设立丝路基金、推进金砖国家新开发银行建设，推动共建"一带一路"，给各参与国人民带来实实在在的利益。

　　一个时代有一个时代的主题，一代人有一代人的使命。作为构建人类命运共同体的首倡者和践行者，习近平在2017年中国共产党与世界政党高层对话会上呼吁：努力建设一个远离恐惧、普遍安全的世界，让人人享有安宁祥和；建设一个远离贫困、共同繁荣的世界，让人人享有富足安康；建设一个远离封闭、开放包容的世界，让人人享有文化滋养；建设一个山清水秀、清洁美丽的世界，让人人都享有绿水青山。这四点倡议勾画出人类命运共同体的清晰蓝图，回答了"世界向何处去、人类向何处去"等重大问题。这是新时代中国的马克思主义者向世界提交的关于人类未来的中国方案，表达了中国积极参与全球治理和公共产品供给的愿望，为人类发展贡献了中国智慧。

恩格斯说过："一个民族要想站在科学的最高峰，就一刻也不能没有理论思维。"解读中国奇迹的人不难发现，这个东方古国、发展中大国，这个社会主义国家今天的一切，莫不源于其背后的思想密码：指导着中国实践的马克思主义，是当代世界思想乐章最重要的主题，被誉为人类历史"一种决定性的存在"。而中国的实践丰富并发展了这一科学理论，雄辩地证明了马克思主义并没有结束真理，而是开辟了通向真理的道路。

整整两个世纪前的 1818 年 5 月 5 日，马克思诞生于德国小城特里尔。200 年来，以他的名字命名的思想，照亮了在黑暗中徘徊的世界历史，奏响了人类为自身解放而斗争的不朽乐章。摩泽尔河畔思想的种子如同原子裂变般释放出巨大能量，穿越历史的迷雾，激起神州大地的红色狂飙，在通往真理的道路上书写下新时代的壮丽史诗。今天，中国号巨轮的掌舵者，如此向这位伟大的思想家致敬，"无论时代如何变迁、科学如何进步，马克思主义依然显示出科学思想的伟力，依然占据着真理和道义的制高点"。

"沧海横流显砥柱，万山磅礴看主峰。"什么是新时代中国的马克思主义者？习近平如是说："我们所做的一切都是为人民谋幸福，为民族谋复兴，为世界谋大同。"这一掷地有声的豪迈话语，昭示了中国共产党为信仰不懈奋斗的伟大历程。在纪念马克思诞辰 200 周年大会上的讲话中，他指出："马克思主义是人民的理论，第一次创立了人民实现自身解放的思想体系。""马克思主义博大精深，归根到底就是一句话，为人类求解放。"让我们回到马克思，回到共产党人理想启航的原点，来理解一个国家的崛起与奋进、一个政党的光荣与梦想。

一、为人民谋幸福

习近平指出："我们要始终把人民立场作为根本立场，把为人民谋幸福作为根本使命，坚持全心全意为人民服务的根本宗旨，贯彻群众路线，尊重人民主体地位和首创精神，始终保持同人民群众的血肉联系，凝聚起众志成城的磅礴力量，团结带领人民共同创造历史伟业。"站在新的历史起点上，坚持以人民为中心的发展思想，深刻体现了当代中国马克思主义者的初心、根本立场和价值取向。

（一）牢记为人民谋幸福的初心

马克思主义之所以具有强大的生命力，是因为它具有科学性，也是因为它具有价值性、人民性——让劳动阶级获得自由、发展和解放，让最广大人民群众过上幸福生活。这是马克思主义的初心，也是中国共产党的初心。

1. **为人民谋幸福是马克思本人的初心。** 马克思不仅以科学理论为人类解放事业作出了巨大贡献，而且以其伟大人格为全人类树立了追求人类幸福的光辉榜样。在高中毕业作文《青年在选择职业时的考虑》中，马克思提出"如果我们选择了最能为人类而工作的职业……我们的幸福将属于千百万人。"在另一篇中学作文《奥古斯都的元首政治应不应当算是罗马国家较幸福的时代？》中，他提出了国家官吏应该"为人民造福"的论断。马克思不仅确立和倡导造福人民的幸福观，也在饱尝颠沛流离的艰辛、贫病交加的煎熬中，用其一生践行着自己的幸福观。

2. **为人民谋幸福是马克思主义者的初心。** 马克思主义是一个有明确价值取向的科学理论体系。实现人民的现实幸福，是马克思的人民观、价值观、幸福观的体现，也是马克思主义孜孜以求的终极目标。在辩证唯物主义和历史唯物主义光芒的照耀下，真正的马克思主义者时时以最广大人民群众的利益为立足点，主张生命是幸福的载体，需求是幸福的动力，劳动是幸福的源泉；幸福具有多维性，是物质幸福与精神幸福、个人幸福与社会幸福、当下幸福与未来幸福、创造幸福与享受幸福的有机统一。这是马克思主义幸福观与其他思想家幸福观的显著区别。

3. **为人民谋幸福是中国共产党人的初心。**在马克思主义中国化的过程中，中国共产党坚持以马克思主义为指导，践行和发展马克思主义的幸福观，把人民幸福作为执政的出发点和奋斗目标。以毛泽东为核心的党的第一代中央领导集体，通过带领全党和全国各族人民创建劳动人民当家作主的国家政权，"让中国人民站起来"而获得幸福。以邓小平为核心的党的第二代中央领导集体，通过改革开放"让中国人民富起来"而获得幸福。在新阶段，中国共产党人继往开来，努力践行"三个代表"重要思想、坚持科学发展观、贯彻落实习近平新时代中国特色社会主义思想，迎来了中华民族从站起来、富起来到强起来的伟大飞跃。正如习近平所强调的："坚持不忘初心、继续前进，就要坚信党的根基在人民、党的力量在人民，坚持一切为了人民、一切依靠人民，充分发挥广大人民群众积极性、主动性、创造性，不断把为人民造福事业推向前进。"这彰显了马克思主义、中国共产党坚守的价值高地。

（二）擦亮为人民谋幸福的初心

习近平在党的十九大报告中指出，为什么人的问题，是检验一个政党、一个政权性质的试金石。带领人民创造美好生活，是我们党始终不渝的奋斗目标。他强调中国共产党人的初心和使命，就是为中国人民谋幸福，为中华民族谋复兴。为人民谋幸福是中国共产党一切活动的根本目的，为把新时代中国特色社会主义伟大事业推向前进，提供了根本价值遵循。

1. 从主体来看，中国共产党带领人民群众共同构成谋幸福的主体，回答了谁为人民谋幸福。中国共产党是执政党，是新时代中国特色社会主义事业的领导核心。作为为人民谋幸福的马克思主义政党，中国共产党自从诞生之日起，就把全心全意为人民服务鲜明地写在自己的旗帜上。回望过去，为人民谋幸福是我们党革命、建设和改革事业不断取得胜利的根本；展望未来，为人民谋幸福既是践行党的根本宗旨的具体要求，也是党的事业发展进步的根本保证。我们共产党人将为人民谋幸福作为自己的初心和使命，诚然，这一初心和使命的完成离不开作为主体的人民自身。在《共产党宣言》中，马克思指出："过去的一切运动都是少数人的，或者为少数人谋利益的运动。无产阶级的运动是绝大多数人的，为绝大多数人谋利益的独立的运动。"这深刻回答了马克思主义者"依靠谁、为了谁"这一根本问题。从这一观点可以看出，人民的幸福是中国共产党带领大多数人一起谋来的，是党群合力的结果。

2. 从对象来看，中国人民是谋幸福的对象，回答了中国共产党为谁谋幸福。中国共产党坚持为人民谋幸福，那么如何理解"人民"这个概念呢？"人民"既是集体概念，也是个体概念，是群体性与个体性的统一。马克思认为，人类历史的前提是"有生命的个人的存在"。他强调应当避免重新把"社会"当作抽象的东西同个人对立起来，还把与个体相对立、相排斥的集体称之为"虚假共同体"。在马克思看来，共产主义社会是"自由人联合体"，以每个人的全面而自由的发展为基本原则，在这个联合体中，个体是独立的、自由的、全面的，个体的尊严和价值是得到尊重与维护的，这就是马克思对人民的理解。为人民谋幸福要坚持将人民的集体性与个体性相结合，既要以全体人民这个集体为中心，也要以全体人民中的每一个个体为中心，还要把为人民谋幸福落实到对每一个个体合理、合法、正当的权利和利益的保护上。正是基于此，习近平多次强调"小康路上一个都不能少"。在党的十九大报告中，他再次强调："保证全体人民在共建共享发展中有更多获得感，不断促进人的全面发展、全体人民共同富裕。"

3. 从方向来看，美好生活和人的全面发展是谋幸福的价值追求，回答了中国共产党为人民谋什么。为人民谋幸福，首先表现在为人民谋美好生活需要。抽象地谈论为人民谋幸福，很容易把这一马克思主义立场、中国共产党的宗旨虚无化。事实上，为人民谋幸福是具体的，而不是抽象的。这种具体主要体现在随着社会主要矛盾的变化，谋的内容也发生了变化。从为人民谋物质文化需要转化成为人民谋美好生活需要，它既包括人民更高的物质文化生活需要，也包括人民日益增长的民主、法治、公平、正义、安全、环境等方面的要求。也就是说，要把为人民谋幸福具体化为保障人民的政治权利、保护人民的经济利益、满足人民的文化需求、提高人民的社会福利，建设优美的生活环境。为人民谋幸福，还体现为对共产主义终极目标的追求。中国的马克思主义者坚持共产主义远大理想，共产主义社会是"自由人联合体"。马克思在《共产党宣言》中指出："每个人的自由发展是一切人自由发展的条件。"可以说，人的自由全面发展是共产主义的终极目标。因此，为人民谋幸福自然应该落实为不断推动每个人的自由全面发展。习近平多次提到这一观点，这体现了中国共产党人为人民谋幸福的方向。

4. **从基础来看，谋幸福应当遵循发展原则和渐进原则，回答了中国共产党如何为人民谋幸福。**中国特色社会主义进入新时代，我国社会主要矛盾已经转化为人民日益增长的美好生活需要和不平衡不充分的发展之间的矛盾。不平衡不充分的发展，已成为不断满足人民日益增长的美好生活需要的主要制约因素。所以，新时代中国的马克思主义者要在继续推动发展的基础上，着力解决好发展不平衡不充分问题。之所以强调继续推动发展，是因为人民幸福的基础是发展，物质的丰裕不一定会带来公平、正义，但发展不足、物质匮乏往往伴随着矛盾、冲突和不平。人民幸福是现实的幸福，马克思说："人们每次都不是在他们关于人的理想所规定和所容许的范围之内，而是在现有的生产力所规定和所容许的范围之内取得自由的。而到现在为止取得的一切自由的基础是有限的生产力。"所以，要将生产力的发展水平作为人民幸福的"绝对必需的实际前提"，不能脱离生产力发展水平幻想脱离实际的幸福。人民幸福没有止境，为人民谋幸福也没有止境。习近平在党的十九大报告中指出："保障和改善民生要抓住人民最关心最直接最现实的利益问题，既尽力而为，又量力而行，一件事情接着一件事情办，一年接着一年干。"

（三）践行为人民谋幸福的初心

马克思一生致力于人的解放和自由全面发展，而他在东方的继承者们，则以全心全意为人民服务的根本宗旨，把"人民"二字始终镌刻于鲜红的党旗上。一代代共产党人前赴后继，正是为了千千万万人的解放、发展和幸福。习近平把这样的追求，视为中国共产党的初心。

1. **秉持为人民谋幸福的初心，无数仁人志士以信仰为旗，以真理为路，义无反顾、一往无前。** 他们中，有人放弃"鸦飞不过的田产"，有人背离"自小熟悉的阶级"，只因笃信"为了绝大多数"才是人生应有的意义；他们中，有人选择在烈火中永生，有人选择永远做一颗螺丝钉，只因秉承"自己活着，就是为了使别人活得更美好"；他们中，有人忍着剧痛工作把藤椅都顶破，有人退休之后用双手把荒山变成林海，只因相信"革命者要在困难面前逞英雄"。他们共同的一点是，把马克思的思想熔铸成自己的精魂，因而才能将"小我"消融于"大我"，为了千千万万人的幸福而不是一己的幸福而奋斗。他们是共产主义的笃行者，是马克思最好的继承者。

2. **秉持为人民谋幸福的初心，中国共产党人的追求得以体现，**

马克思主义的根脉得到持续传承，社会主义的本质得到昭示。如果说"为人类福利而劳动"是马克思作出的职业选择和人生选择，那么，中国共产党人正是以马克思为精神坐标，立下"始终要把人民放在心中最高的位置"的誓言，并转化成为人民谋幸福的实际行动。进入新时代，中国的马克思主义者着力践行以人民为中心的发展思想，把实现人民幸福作为发展的根本目的和归宿，努力使发展成果更多更公平惠及全体人民，不断朝着全体人民共同富裕的目标前进。

3. **秉持为人民谋幸福的初心，当年南湖上的一叶红船，如今已成为承载着亿万人民希望的巍巍巨轮。**行程万里，不忘初心。党的十九大闭幕仅一周，习近平就带领中央政治局常委来到上海和浙江嘉兴，宣示中国共产党的初心和使命。马克思诞辰200周年前夕，习近平又带领中央政治局集体重温《共产党宣言》，感悟和把握马克思主义真理力量。回望来时的路，正是为了永远保持共产党人的奋斗精神，永远保持对人民的赤子之心。

二、为民族谋复兴

马克思主义认为，矛盾无处不在、无时不有，只要矛盾存在，就必然产生斗争。中国共产党是一个善于斗争、勇于战斗、敢于战胜前进道路上一切艰难险阻的伟大政党。回顾中国共产党近百年的成长历程，可以说是一部顽强拼搏、勇往直前、持续胜利的光辉斗争史。一路走来，中国共产党领导人民先后进行了大革命、土地革命、抗日战争、新民主主义革命、社会主义革命以及改革开放等伟大斗争，赢得了一系列伟大胜利。

（一）迎来从站起来、富起来到强起来的伟大飞跃

中华民族到了最危险的时候！可以说，中国共产党是伴随民族的危难而诞生，把民族复兴作为自己的使命。中华民族五千多年的历史有过辉煌，也有过苦难。鸦片战争后，中国陷于内忧外患的境地，历经战乱频仍、山河破碎、民不聊生的深重苦难。无数仁人志士不屈不挠，前赴后继，进行了可歌可泣的斗争，但终究未能改变旧中国半殖民地半封建的社会性质和中国人民的悲惨命运。

一百年前，十月革命一声炮响，给中国送来了马克思列宁主义。在马克思主义同中国工人运动的结合中，中国共产党应运而生，成为中国人民谋取民族独立、人民解放、国家富强、人民幸福的主心骨，肩负起为中国人民谋幸福、为中华民族谋复兴的历史使命。中国共产党在一大纲领中就指出："革命军队必须与无产阶级一起推翻资本家阶级的政权，必须援助工人阶级，直到社会阶级区分消除的时候。"在党的二大上，提出"消除内乱，打倒军阀，建立国内和平；推翻国际帝国主义的压迫，达到中华民族的完全独立；统一中国为真正的民主共和国"的反帝反封建纲领。中国共产党为了自己的使命，带领中国人民进行28年浴血奋战，完成新民主主义革命，建立起中华人民共和国。

新中国成立后，中国共产党团结带领中国人民完成社会主义革命，确立社会主义基本制度，消灭一切剥削制度，推动社会主义建设。党的十一届三中全会以来的新时期，中国共产党带领中国人民进行改革开放新的伟大革命，极大激发广大人民群众的创造性，极大解放和发展社会生产力，极大增强社会发展活力，人民生活显著改善，综合国力显著增强，国际地位显著提高，中国日益走近世界舞台的中央，开始由过去的向发达国家学习，逐渐转为向世界提供中国智慧和中国方案。中国特色社会主义进入新时代，中华民族迎来了从站起来、富起来到强起来的伟大飞跃。而所有这一切，都离不开马克思主义这一思想密码。

（二）激发中华民族伟大复兴的磅礴力量

马克思主义开辟了一条通向真理的道路，更开辟了一条通向人类理想社会的道路。以马克思为起点的这条道路，对于中国意味着什么？中国在这条道路上的探索又意味着什么？

走得再远，都不能忘记来时的路。在历史长河中，共产主义运动大河奔涌，马克思思考欧洲工人的使命，见证了英勇而悲壮的巴黎公社运动；列宁实践马克思关于社会主义的理论，证明落后国家能够跨越"卡夫丁峡谷"；而中国共产党的探索更是丰富和发展了马克思主义，在将马克思主义中国化的过程中，开辟了举世瞩目的中国特色社会主义道路。

马克思不但充满时间维度，而且充满空间维度。从欧洲到苏联，从苏联到中国，这是社会主义发展中心的转移过程，也是马克思主义在全球的传播过程，更意味着中国接过世界社会主义事业的接力棒。如果社会主义在中国没有取得今天的成功，那么共产主义可能又要像马克思所说的那样，如同一个"幽灵"在世界上徘徊。从这样的视野看，更能清晰理解中国特色社会主义的发展繁荣，不仅关乎中华民族伟大复兴，而且关乎人类的命运、历史的走向。

中国走向民族复兴，正是马克思的思想在这片土地上推动历史进程的伟大实践。马克思的理论孕育了"农村包围城市"等革命方法，毛泽东思想领导中国人民推翻"三座大山"，让中国人民从此站了起来；马克思的方法发展出"社会主义市场经济"等创新理论，邓小平理论引领改革开放，让中国一路成为世界第二大经济体；今天，马克思的学说演变成"八个明确""十四个坚持"，习近平新时代中国特色社会主义思想指引着民族复兴。

看得见多远的过去，方能走得到多远的未来。几代共产党人的接续奋斗，让中华民族的伟大复兴已经如胎儿萌动于母腹、曙光跳跃于山巅。景仰马克思、纪念马克思，就要赓续这一种使命，让马克思的真理之光和信仰之光，伴随中华民族走向未来的征程而更加炫丽夺目。

（三）谋求实现中国梦的强大武器

前事不忘，后事之师。100多年前，西方列强用坚船利炮打开中国大门，从那时起，中国人民为实现国家富强探索各种方案，中华民族伟大复兴便成为中国人民最伟大的梦想。现在，我们比历史上任何时候都更接近、更有信心和能力实现中华民族伟大复兴的中国梦。然而，中华民族伟大复兴绝不是轻轻松松、敲锣打鼓就能实现的，既需要我们党团结带领全国人民一件事情接着一件事情办、一年接着一年干，更需要高瞻远瞩的顶层设计和战略部署。习近平新时代中国特色社会主义思想回答了新时代坚持和发展中国特色社会主义的总目标、总任务、总体布局、战略布局和发展方向、发展方式、发展动力、战略步骤、外部条件、政治保证等基本问题，为中华民族伟大复兴指明了奋斗方向、提供了行动纲领。

作为当代中国马克思主义、21 世纪马克思主义，习近平新时代中国特色社会主义思想内涵十分丰富，涵盖经济、政治、法治、科技、文化、教育、民生、民族、宗教、社会、生态文明、国家安全、国防和军队、"一国两制"和祖国统一、统一战线、外交、党的建设等各方面。在习近平新时代中国特色社会主义思想指引下，我们党提出一系列新理念新思想新战略，出台一系列重大方针政策，推出一系列重大举措，推进一系列重大工作，解决了许多长期想解决而没有解决的难题，办成了许多过去想办而没有办成的大事，推动党和国家事业发生历史性变革，取得历史性成就。当前，我国经济实力、科技实力、国防实力、综合国力进入世界前列，党的面貌、国家的面貌、人民的面貌、军队的面貌、中华民族的面貌都发生了前所未有的变化。习近平新时代中国特色社会主义思想源于实践又指导实践，为实现"两个一百年"奋斗目标和中华民族伟大复兴中国梦提供了路线图和方法论。

千里之行，始于足下。党的十九大报告对未来中国的发展战略，做出精准的顶层设计。习近平指出，从现在到 2020 年，是全面建成小康社会决胜期。从 2020 年到本世纪中叶可以分两个阶段来安排：第一个阶段是从 2020 年到 2035 年，基本实现社会主义现代化；第二个阶段是从 2035 年到本世纪中叶，把我国建成富强民主文明和谐美丽的社会主义现代化强国。这一"两步走"战略安排，使中华民族伟大复兴的时间表更加清晰，更加顺应中国人民对美好生活的向往。习近平新时代中国特色社会主义思想最大程度地凝聚起全体中华儿女的磅礴力量，共同为实现中华民族伟大复兴的中国梦而奋斗。

三、为世界谋大同

在狭隘的民族保护主义将世界经济推向逆全球化之际，高举马克思主义指导思想旗帜的新时代中国，以构建人类命运共同体重构"世界逻辑"。充分发挥亚投行、丝路基金等金融机构的作用，推进亚洲投融资制度建立和完善；唤醒繁盛"一带一路"的历史基因，让世界繁荣与中国发展交相辉映；加大对外基础设施互联互通合作，为各国人民创造更多机遇……中国开放包容、合作共赢的新理念，为世界谋大同的宽广情怀，激活世界各国发展潜力，为世界注入新的动力，营造共同繁荣的世界格局。

（一）彰显新时代马克思主义的天下情怀

计利当计天下利。为世界谋大同是为人民谋幸福、为民族谋复兴的自然延展。新时代的中国马克思主义者不仅希望中国人民自己过得好，也希望各国人民都过得好，秉持内外兼修、兼济天下的理念，把中国发展与世界发展联系起来，把为人类进步作出更大贡献，作为自己在新时代的使命与追求。世界好，中国才会好；中国好，世界才会更好。由此，习近平提出构建人类命运共同体理念，既充分体现了新时代的中国马克思主义者，对人类前途命运的关注和追求世界大同的奋斗精神，也展现出中国作为负责任大国的担当意识，彰显了新时代马克思主义的天下情怀。

1. **根植于深厚的中华优秀传统文化。**习近平说过，中华民族历来讲求"天下一家"，主张民胞物与、协和万邦、天下大同，憧憬"大道之行，天下为公"的美好世界。不论是人类命运共同体倡导，还是构建新型国际关系的践行，都贯穿着为世界谋大同的理念。

2. **并不是追求单一模式一统天下。**习近平指出，我们愿同世界分享中国的发展机遇和经验，但绝不会将自己的道路、模式、理论强加于人。我们不"输入"外国模式，也不"输出"中国模式，不会要求别国"复制"中国的做法。各国文化不同，国情各异，是客观现实。谋大同意味着秉持"天下一家"理念，彼此理解，求同存异，寻求人类和平发展的最大公约数，共同为构建人类命运共同体而努力。

3. 并不是一家独大、唱独角戏。面对复杂的国际形势和全球性问题，任何国家都不可能独善其身、一枝独秀。当今世界最需要摒弃你输我赢、赢者通吃的老一套逻辑，尔虞我诈、以邻为壑的老一套办法。习近平提出构建人类命运共同体的理念，倡导构建新型国际关系，推进"一带一路"建设，致力于全球治理，都贯穿着共商共建共享原则，强调一个"共"字。

4. 并非乌托邦、不可能一蹴而就。推动构建人类命运共同体和新型国际关系，中国既充满信心，又很清醒。习近平说，我们应该锲而不舍、驰而不息进行努力，不能因现实复杂而放弃梦想，也不能因理想遥远而放弃追求。

无论国际形势如何变幻，新时代的中国马克思主义者为世界谋大同的初心不会改变，正在以具体的实际行动，坚定不移推动构建人类命运共同体，始终做世界和平的建设者、全球发展的贡献者、国际秩序的维护者，为人类持久和平、繁荣发展不断贡献中国智慧和中国力量，让中华民族伟大复兴的中国梦与人类命运共同体的美好愿景互帮互助、相得益彰。

（二）彰显新时代马克思主义的公共情怀

在遥远的马克思出生的国度，德国柏林市中心的施普雷河畔，矗立着马克思的铜像。1986 年刚建成时，他们面朝东方；2010 年因修建地铁的需要，铜像挪动约 80 米，变成面朝西方。小小细节就像历史的隐喻，今天的西方世界，正需要汲取革命导师在东方的遗产。

早在《共产党宣言》中，马克思、恩格斯就已经提出世界市场理论，认为民族的地域的历史正在向"世界历史"转变。时下，我们的每一秒都是这种"世界历史"中的全球性时刻，人类从未如此紧密地联系在一起。当马克思前瞻性的预见变成触手可及的现实，新时代的中国马克思主义者，敏锐地洞察到世界经济的大海不可能退回到一个一个孤立的小湖泊，深刻地认识到和平合作、开放融通、变革创新的时代潮流滚滚向前，彰显着与马克思一脉相承的世界视野和人类情怀。

从"你中有我、我中有你"的判断，到"人类只有一个地球"的感言；从迈向亚洲命运共同体的呼吁，到构建人类命运共同体的方案，习近平以人类命运共同体的思想，把握住人类利益和价值的通约性，寻找到国与国关系的最大公约数。这是智者的思虑，也是时代的命题；这是历史的潮流，也是人类的福祉，超越了民族国家和意识形态。这一倡议因此得到越来越多的欢迎和认同，并被写入联合国重要文件，成为一份思考人类未来的"中国方略"。

"大道之行，天下为公。"新时代的中国马克思主义者，既为中国人民谋幸福，也为人类进步事业而奋斗。近年来，中国以超过 30% 的贡献率，成为世界经济增长的发动机；中国推动"一带一路"建设，让昔日"流淌着牛奶与蜂蜜的地方"再次增进人民的福祉。世界政党高层对话会上，120 多个国家近 300 个政党及政治组织的领导人齐聚一堂；博鳌亚洲论坛上，各国嘉宾聆听共创亚洲和世界美好未来的中国方案。如磁石一般的号召力，源于新时代的中国马克思主义者的智慧与行动、责任与担当，源于新时代的中国马克思主义者拥有的道义的力量、真理的力量。

新时代的中国马克思主义者，要时常铭记马克思早在年少时就立下的宏伟志向："我们的幸福将属于千百万人，我们的事业将默默地、但是永恒发挥作用地存在下去。"敬仰马克思、纪念马克思，就要秉承这样的公共情怀，为人类作出新的更大贡献。

（三）彰显新时代马克思主义的和合情怀

世界大同，和合共生，是中国几千年文明一以贯之的理念，也是各国人民的共同向往。从 2013 年呼吁亚洲国家树立命运共同体意识，到 2015 年阐释迈向命运共同体"四个坚持"的实践路径，再到提出共创亚洲和世界美好未来的"五点倡议"，习近平在新时代提出中国方案、贡献中国智慧，展现了大国领袖的博大胸怀和深远谋划，彰显了新时代中国特色大国外交的大气魄、大格局和大作为。

1. 秉持相互尊重、共商共建的相处之道。无论是两次世界大战的惨痛教训，还是恐怖袭击、难民危机等现实挑战，都在警示人们，零和博弈和强权霸道不可能带来和平。只有走对话而不对抗、结伴而不结盟的国与国交往新路，妥善管控矛盾分歧，和平的阳光才能普照人间；只有坚持对话协商、共担责任，践行共同、综合、合作、可持续的安全理念，深化双边和多边协作，普遍安全和共同安全才能得到根本保障。

2. 彰显合作共赢的广阔胸襟和扎实行动。太平洋足够大，完全容得下太平洋各国。实现各国共同发展、共同繁荣，既要有经贸合作的"硬支撑"，坚持走开放融通、互利共赢之路，构建开放型世界经济，加强多边框架内合作，推动经济全球化朝着更加开放、包容、普惠、平衡、共赢的方向发展；也要珍视民心相通的"软助力"，坚持兼容并蓄、和而不同，推动文明互鉴，使之成为增进各国人民友谊的桥梁、推动社会进步的动力、维护地区和世界和平的纽带。

3. 树立绿色、低碳、可持续发展理念。人类只有一个地球，各国共处一个世界，敬畏自然、珍爱地球是唯一正确选择。面对气候变化、环境污染等共同挑战，各国唯有加强交流合作，不断开拓生产发展、生活富裕、生态良好的文明发展道路，方能为子孙后代留下蓝天碧海、绿水青山的美丽星球。

积土而为山，积水而为海。随着中国与各国合作不断深化、

"一带一路"建设持续推进，构建人类命运共同体的理念与实践正在造福世界各国人民，给世界带来新机遇、新希望。中国发展离不开世界，世界发展也需要中国。实践已经证明并将继续证明，中国推动人类文明进步的决心坚定不移，始终是世界和平的建设者、全球发展的贡献者、国际秩序的维护者。

四、为人类求解放

马克思主义的诞生，是人类思想史上一次最壮丽的日出。马克思主义自诞生以来，之所以对人类社会的发展产生如此重大而深远的影响，对人类历史起到史无前例的巨大推动作用，就其理论本身来说，关键在于马克思主义关注的焦点始终是人类的前途和命运，力求为人类解放提供理论和行动指南。

（一）提供行动动力、思想火种和理论指导

有人这样总结：马克思之前的历史，都通向马克思；马克思之后的历史，都是从马克思重新出发的。而在这个历史中处于核心地位的，就是"人"。相较于以往全部"人的哲学"，马克思主义一个根本的不同在于，它从来都不是从想象出来的人出发，恰恰相反，而是以实际活动的人作为落脚点。这不是乌托邦式的空想、说教式的漫谈，而是强调只有在现实的世界中并使用现实的手段才能实现真正的解放。这是马克思主义的核心主题，也是马克思主义追求的最高价值目标，更是理解马克思

主义全部思想理论的前提和基础。

1. **提供行动动力，从根本上改变人类的命运。**一部《共产党宣言》的传播史，就是一部工人运动史。政治选举权、八小时工作制、劳工立法……正如德国作家伯尔所说，"没有马克思的理论，没有马克思为未来斗争所制定的路线，几乎不可能取得任何的社会进步"。在马克思身后，无数人为把命运握在自己手里而奋斗。1917年，一趟风驰电掣的列车将列宁从苏黎世载到圣彼得堡，仿佛一发穿越欧洲的炮弹，炸毁旧时代的秩序。而阿芙乐尔舰震天撼地的炮声，不仅让冬宫震颤，更如惊雷唤醒沉睡的东方大地，改变了亿万人的命运。科学社会主义之所以不同于各种空想社会主义，是因为它不仅从道德上谴责资本主义制度，用幻想的方式去描绘未来社会，而且从对社会发展规律的分析中，尤其是对资本主义社会基本矛盾运动的分析中，揭示了"两个必然"，指明了无产阶级和人类解放的性质、条件、方式、途径、历史进程等，使社会主义真正由空想变为科学。总体来看，马克思的各种理论都是在探讨无产阶级和人类解放这一主题中形成和发展起来的。马克思所讲的解放，包括政治解放、经济解放、社会解放、精神解放等，最终的目标实则是实现人的自由全面发展。

2. **提供思想火种，从根本上解放人类的精神。**由马克思的理论主题所决定，其哲学研究必然聚焦于人的现实世界，突出实践的观点，对人的生存发展予以特别关注。探讨实践的地位作用、内在矛盾及其发展规律，实质上是在寻求人的解放的基本方式与出路。马克思的实践的唯物主义和合理的辩证法，就是在这种探求中得以彰显的。著名的马克思研究者戴维·麦克莱伦曾说："马克思主义已经成为这样一种语言：数百万人用它来表达他们对一个更公正的社会的希望。"正是由于对人类苦难的感同身受、对人类生存状况的不断反思，他无情批判资产阶级赤裸裸的利害关系和自私自利的本质，展望人和自然界之间、人和人之间的矛盾的真正解决的共产主义，将实现每个人自由全面发展作为无产阶级运动的最终目的。马克思的学说使人类从半梦半醒中睁开双眼，滋润着人类渴望解放、渴望美好的心灵，体现了人类对于理想社会的一切憧憬。

3. **提供理论指导，从根本上实现人类的发展。** 实现无产阶级和人类的解放发展，这是马克思的全部理论主题，也是马克思终其一生所追求的目标。这一主题贯穿于马克思整个思想探索的始终。马克思的理论体系就是在探讨、论证这一主题中展开，并为其服务的。在其早期，马克思的各种文本尽管谈论的问题、针对的对象不同，但其中心是紧紧围绕实现人类解放的核心，即自由问题来展开的。从博士论文中"自我意识"表征的精神自由，到《莱茵报》和《德法年鉴》时期所关注的政治自由，再到《1844年经济学哲学手稿》中所探讨的经济自由，以至到《德意志意识形态》《共产党宣言》中所阐述的全面自由，都充分体现了马克思对无产阶级和人类命运的深刻关切。在其中期，马克思的主要精力用于《资本论》的创作，直接探讨的是资本主义生产方式及其相应的生产关系和交换关系。正如列宁所说，凡是资产阶级经济学家看到物与物关系的地方，马克思都揭示了人与人之间的关系。马克思正是通过对资本主义经济关系和内在矛盾的研究，揭示了资本主义的发展规律和发展趋势，指明了无产阶级和人类解放的方向和道路。在其晚年，马克思侧重于研究古代社会和非西方社会，但其研究并不是出于考古的兴趣，也不是要创立一门不同于前人的人类学和民族学，更不是为了简单地回应对俄国公社道路的看法，而是通过对古代社会、非西方社会以及俄国公社的考察和研究，发展和深化对无产阶级和人类解放这一时代问题和时代任务的认识，引导社会发展避免资本主义制度所带来的一切苦难和一切极端不幸的灾难，实现人的正常生存发展。

人的解放和自由全面发展，这不仅反映那个时代的精神，还塑造和引导新的时代精神；不仅是"时代精神的精华"的哲学，更是"文明的活的灵魂"的科学，因而一经产生，就在世界一切文明语言中都找到了拥护者。反对社会主义的人也不得不叹服，这是第一个不限于某个特定群体，而受到不分种族、国别、宗教和文明的所有人支持的思想潮流。

（二）马克思主义的实质是为人类求解放

习近平指出："在马克思之前，社会上占统治地位的理论都是为统治阶级服务的。"马克思主义第一次站在人民的立场探求人类自由解放的道路，以科学的理论为最终建立一个没有压迫、没有剥削、人人平等、人人自由的理想社会指明了方向。马克思主义之所以具有跨越国度、跨越时代的影响力，就是因为它植根人民之中，指明了依靠人民推动历史前进的人间正道。

1. **人类解放需要科学思想理论的指引。**人类解放是指解除人类生存发展所面临的束缚和禁锢，促进现实的人和人类的自由全面发展。就解放所指的范围而言，是要从自然的束缚、社会的禁锢、思维的局限等解放出来。就解放的主客体而言，单个的现实的人和人类既是解放的主体，又是解放的客体。就解放的目标而言，是要增强驾驭自然的能力，从"必然王国"走向"自由王国"；是要促进社会发展进步，消除剥削、压迫、奴役等不平等、不自由状况；是要促进思维发展，克服思维局限，强化理论思维。归结为一句话，人类要解放，需要认识自然界、人类社会和思维发展的最一般规律，形成指导人类解放伟大斗争的科学思想理论体系。而这一思想理论体系不会自己从天上掉下来，只有靠现实的人和人类自身进行自主探索和积极创造。

2. **为人类求解放的科学思想理论体系。**实践证明，世界上伟大的思想理论成果都是在回答和解决人与社会面临的重大问题中创造出来的。马克思早在中学时代，就树立为人类解放事业奋斗终身的志向，将人类解放作为自己理论研究的鲜明主题。这一主题贯穿于马克思主义哲学、政治经济学和科学社会主义之中，三者相互联系、有机统一。其中，马克思主义哲学是其全部学说的理论基础；政治经济学是马克思主义最深刻、最全面、最详细的证明和应用；科学社会主义是马克思主义哲学和政治经济学的落脚点和归属，是马克思主义思想理论体系的核心。三者共同构成马克思主义完整思想理论体系，实现了从唯心主义到唯物主义、从革命民主主义到共产主义的转变，为人类指明了从必然王国向自由王国飞跃的途径，为人们指明了实现自由解放的道路。

3. 发展当代中国马克思主义、21 世纪马克思主义。中国共产党从诞生之日起，就以马克思主义为行动指南，将马克思主义基本原理与中国实际相结合，不断开创中国马克思主义新境界，取得革命、建设、改革的伟大胜利，使中国这个古老的东方大国，创造了人类历史上前所未有的发展奇迹。习近平指出，"马克思主义始终是我们党和国家的指导思想，是我们认识世界、把握规律、追求真理、改造世界的强大思想武器"。进入新时代，中国马克思主义者要更加自觉地坚定马克思主义信仰，更加自觉地学习和践行当代中国马克思主义、21 世纪马克思主义——习近平新时代中国特色社会主义思想，为人民幸福、国家富强、民族复兴、人类解放而不懈奋斗。

（三）新时代要在人类解放事业上有新气象新作为

马克思人类解放学说的创立和发展，不仅使社会主义从空想变为科学，而且改变世界历史进程，产生划时代的社会影响。尽管历史发展风云变幻，但追求人类解放、实现人的全面发展的理想价值，永远不会被否弃和改变。人类需要这样的思想旗帜，需要这样的价值指引。"如将不尽，与古为新。"新时代的马克思主义者要在人类解放事业上有新气象新作为，就必须高举马克思主义的思想旗帜，沿着马克思所开辟的航线，把人类解放事业不断推向前进。

1. **不忘共产党人的理想与使命。**实现物质财富极大丰富、人民精神境界极大提高、每个人自由全面发展，这是马克思主义追求的最崇高的社会理想，也是共产主义的远大理想。共产主义的远大理想又是通过各个发展阶段，人们的共同理想来逐步实现的。共产主义作为总目标，任何时候都不能偏离，否则就会失去正确的方向。但是，这一总目标又是通过一系列阶段性目标来实现的。在当代中国，坚持和发展中国特色社会主义，就是共产主义在现阶段的目标，这是当代中国马克思主义者的共同理想。坚持共产主义远大理想，在现阶段就是要坚持中国特色社会主义共同理想。事实表明，只有坚持中国特色社会主义，才能为人的正常生存发展提供制度体制保障，才能为"每个人的自由发展"和"一切人的自由发展"创造各种适宜的条件，才能切实促进人的全面发展。坚持和发展中国特色社会主义的总任务非常明确，就是要实现社会主义现代化和中华民族伟大复兴，在全面建成小康社会的基础上，分"两步走"在本世纪中叶建成富强民主文明和谐美丽的社会主义现代化强国。社会主义现代化强国的实现，无疑是人的各方面的重大发展。新时代的中国马克思主义者，必须有责任、有信心来完成这样的使命。

2. **不断满足人民的美好生活需要。** 按照马克思的观点，人的机能不同于动物的机能，人的发展是全面的，人的发展状况与其需要满足的状况是密切相关的，需要的满足程度是人的发展程度的重要标志。要促进人的全面发展，必须顺应人民对美好生活的向往，不断满足人民日益增长的美好生活需要。中国特色社会主义进入新时代，我国社会主要矛盾发生了重大变化。随着社会的发展，人民对美好生活的需要日益广泛，不仅对物质生活提出更高的要求，而且在民主、法治、正义、安全、环境等方面的要求也日益增长。但是，发展的不平衡、不充分成为满足人民美好生活需要的主要制约因素。发展的不充分，主要是一些地方、一些领域、一些方面发展不足，供不应求；发展的不平衡，主要是生产力水平和布局不平衡、各领域的发展不平衡、城乡发展不平衡、收入分配不平衡等。要促进人的全面发展，必须着力解决好这些发展不平衡、不充分的问题，多谋民生之利，多解民生之忧，在发展中补齐民生短板，促进社会公平正义，不断满足人民在经济、政治、文化、社会、生态等方面日益增长的需要。这正是中国的马克思主义者，在新时代实现人的全面发展的努力方向和艰巨任务。

3. **大力构建人类命运共同体。**马克思认为，人类解放和人的自由全面发展必须依赖"自由人联合体"的建立，在那里，每个人的自由发展是一切人的自由发展的条件。这就是说，个人自由发展的充分实现，是以"自由人联合体"的形成为前提的。只有在这样的联合体中，个人才能获得全面发展的条件和可能。真正形成"自由人联合体"还是一个追求的目标，而要实现这一目标，现阶段就要大力构建人类命运共同体。当今世界正处于大发展大变革大调整时期，世界多极化、经济全球化、社会信息化、文化多样化深入发展，各国之间的相互联系和依存日益加深；与此同时，世界面临的不稳定性不确定性越来越突出，贫富分化日益严重，地区热点问题此起彼伏，恐怖主义、网络安全、金融动荡、环境危机等问题持续蔓延，给人们带来前所未有的挑战。面对全球性挑战，没有哪个国家可以置身事外、独善其身。既然利益攸关、命运攸关，那么每个国家要想发展，就必须牢固树立人类命运共同体理念，并为之作出切实的努力。大力构建人类命运共同体，关键是要相互尊重、平等协商，坚决摒弃冷战思维和强权政治，反对以大压小、以强凌弱、以富欺贫，推动经济全球化朝着更加开放、包容、普惠、平衡、共赢的方向发展，共建持久和平、普遍安全、共同繁荣、开放包容、清洁美丽的世界。新时代中国的马克思主义者完全可以坚信：人类命运共同体的构建与发展，必然会推动人类解放和人的全面发展。

参考文献
Reference

《马克思恩格斯选集》（第1—4卷），人民出版社2012年版。

《马克思恩格斯文集》（第1、2、3、4、5、8、9、10卷），人民出版社2009年版。

《马克思恩格斯全集》（第1、3、21、30、31、32、44、46、47卷），人民出版社1995年版、2002年版、1965年版、1995年版、1998年版、1998年版、2001年版、2003年版、2004年版。

《列宁选集》（第1—4卷），人民出版社1995年版。

《列宁全集》第21卷，人民出版社1990年版。

《毛泽东选集》（第一、二、三、四卷），人民出版社1991年版。

《毛泽东文集》（第二、三、五、六、七、八卷），人民出版社1993年版、1996年版、1999年版、1999年版、1999年版、1999年版。

《建国以来毛泽东文稿》（第二、五、七册），中央文献出版社1988年版、1991年版、1992年版。

《毛泽东传》(第二册),中央文献出版社 2013 年版。

《毛泽东著作选读》(上、下册),人民出版社 1984 年版。

《邓小平文选》(第一、二、三卷),人民出版社 1994 年版、1994 年版、1993 年版。

《周恩来文化文选》,中央文献出版社 1998 年版。

《刘少奇百年纪念论文集》(下),中央文献出版社 1999 年版。

《习近平谈治国理政》(第二卷),外文出版社 2017 年版。

习近平:《在纪念马克思诞辰 200 周年大会上的讲话》,人民出版社 2018 年版。

《费尔巴哈哲学著作选集》(上卷),三联书店 1959 年版。

周辅成:《西方伦理学名著选辑》(上卷),商务印书馆 1964 年版。

兰久富:《社会转型时期的价值观念》,北京师范大学出版社 1999 年版。

[德]康德:《实践理性批判》,商务印书馆 1960 年版。

[美]埃瑞克·弗罗姆:《逃避自由》,陈学明译,工人出版社 1987 年版。

[法]帕斯卡尔:《思想录》,何兆武译,商务印书馆 1997 年版。